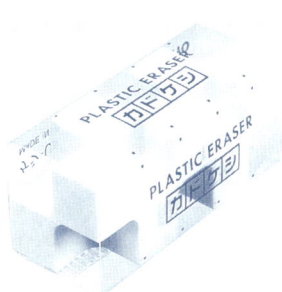

ブランド価値とヒットを生む「こと」づくり

経験価値ものづくり

長沢伸也 編著

早稲田大学ビジネススクール長沢研究室
藤原 亨
山本典弘 著

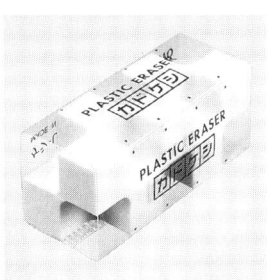

ブランド価値とヒットを生む「こと」づくり

経験価値ものづくり

長沢伸也 編著
早稲田大学ビジネススクール長沢研究室
藤原 亨
山本典弘 著

●本文中に出てくるブランド名、商品名は各社の商標または登録商標です。
●本文中敬称は原則として省略しています。
●本文中の役職名は取材当時のものです。

まえがき

　マーケティングやブランドの世界では、「EXPERIENCE（経験・体験）」が重要なキーワードとなっている。

　ここで言う「EXPERIENCE」とは、過去に起こった個人の経験や体験のことではなく、顧客が実際に製品やサービスに接して感じる主観的な経験や体験のことを指している。この「EXPERIENCE」に焦点を当てたマーケティングの第一人者であるコロンビア大学のバーンド．H．シュミット教授は、1999年に『EXPERIENTIAL MARKETING（邦題：経験価値マーケティング）』、2003年に『CUSTOMER EXPERIENCE MANAGEMENT（邦題：経験価値マネジメント）』を発表した。同時期にB．ジョセフ．パインⅡ世とジェームス．H．ギルモアの『THE EXPERIENCE ECONOMY（邦題：経験経済）』も出版され、マーケティングやブランドの世界を中心に、米国だけでなく日本でも注目されている。

　"経験価値"はこれらに出てくる「EXPERIENCE」の邦訳である。これらの著作は、経験価値という概念を明確にしたという意味において重要である。しかし、その一方で、米国企業を中心に事例を取り上げているため、われわれ日本人には馴染みが薄い企業や商品が多く実感が得にくかった。また、断片的に事例を取り上げていたため「その経験価値の事例がなぜ実際の競争優位につながったのか」ということへの説得力に欠けるところがあった。

　そこで『ヒットを生む経験価値創造－感性を揺さぶるものづくり－』（拙編著、日科技連出版社、2005年）では、「経験価値」の概念を体系的に整理するとともに、「INAX（タンクレス・トイレ）」、「日産自動車（SUV）」、「一澤帆布（かばん）」、「アルビレックス新潟（サッカー）」と日本企業の事例を取り上げた。さらに、『老舗ブランド企業の経験価値創造－顧客との出会いのデザイン マネジメント－』（拙編著、同友館、2006年）では、お家元御用達の京菓子司「末富」、創業300年の香老舗「松栄堂」、ラグジュアリー最高峰「エルメス」という、京都とパリの老舗ブランド企業3社の強さの秘密を、顧客と企業・製品と

の出会い、「経験価値」をキーワードに解き明かした。

　読者からは「経験価値というものを身近な事例を通して理解できた」という声が多く寄せられ、編者として冥利に尽きる。

　しかし、中には、
「経験価値は分かった。SENSE（感覚的経験価値）やFEEL（情緒的経験価値）を目指してデザインや使い勝手に配慮するのも分かった。しかし、THINK（知的経験価値）はどうすればつくり込めるのか。ましてACT（行動的経験価値）やRELATE（関係的経験価値）はつくり込むことがそもそもできるのか」という具体的に「経験価値」を実践しようとして行き詰まった末の、深刻な相談も大手電機メーカーのデザイン研究所などから寄せられるようになった。

　これら前著の続編ともいえる本書では、シャープ「AQUOS」、ワコール「WACOAL DIA」、コクヨ「カドケシ」、バンダイ「リトルジャマー」を事例として取り上げた。これらの事例により「経験価値」の実態を生き生きと紹介するとともに、「おもてなし」と「デザイン」に焦点を当てるアプローチから「経験価値創造」に関する考察を展開している。

　製造業が提供すべきは「もの」ではなく「こと」、特に「感動」である。その具体的な方法として、「おもてなしによる感動」、「デザインによる感動」の２つの側面から検討した。顧客の主観による差別化を生み、企業・ブランドや製品・サービスの持続的な競争優位につながる「経験価値」について、企業の第一線で活躍する経営者・マネジャー、また直接的あるいは間接的に顧客接点を持つ各部門の担当者が、ビジネスで実践するための示唆が得られる内容を目指したのである。

　本書は、以下の方々を読者として想定している。
①ブランドを重視する企業経営者およびブランドマネジャー
②顧客価値を高めたい企業経営者およびマネジャー
③企業の商品開発、製造、マーケティング、デザイン、販売各部門の担当者
④ブランド、デザイン、マーケティング等のコンサルタント、起業家
⑤MBA、MOTを学ぶ学生

出版にあたっての準備や進捗およびヒアリングの企画・調整は長沢があたり、各プロダクト・マネジャーの言葉や資料を中心に4社の企業事例を執筆者である藤原亨と山本典弘が学術的に分析しているが、分析内容は編者と各執筆者がその責めを負っていることは言うまでもない。また、各マネジャーが語った珠玉の言葉を中心に、筆者らがまとめたり解説したりしているが、彼らの真意が伝わっていなかったり、損なっていたとすれば、筆者らの力量の限界である。中には、紙面や諸般の都合で割愛せざるを得なかった話やエピソードもあった。ご容赦願いたい。

　事例の提供やヒアリングにご協力いただいた企業の皆様のお力がなければ、本書の出版は実現できなかった。この場を借り、厚く御礼を申し上げる。

　2名の執筆者はいずれも早稲田大学ビジネススクール（経営専門職大学院）MOT（技術経営）専修　長沢プロジェクト研究（ゼミ）の修了生であるが、ゼミ生とはいってもそれぞれの勤務先で要職にある社会人であり、本業に勤務しながらの研究である。両執筆者の「熱い想い」には敬服する次第である。

　本書は、長沢ゼミ1期生である山本太朗氏（富士フイルム勤務）が「経験価値」をテーマに優れた修士論文を書いて、ビジネススクールを1年で修了する特急コースを修了したことに端を発する。これを核として、ゼミ1期生と2期生が理論を体系的に整理するとともに事例を加えて2冊上梓した。本書はこれらに続き、ゼミ2期生である両執筆者が理論を補うとともに事例研究を行った修士論文を加筆修正したものであり、経験価値をテーマとした3冊目に当たる。また、長沢ゼミとしては4年間で6冊目に当たり、ゼミにおける人のつながりに心より感謝したい。最後に、本書は、日科技連出版社の小川正晴・前出版部長と木村修出版部課長のご尽力により形となった。ここに厚く御礼申し上げる。

　本書がビジネスパーソンの実務や研鑽に役立つとともに、早稲田大学ビジネススクール MOT 専修　長沢プロジェクト研究の存在と活動を読者の皆様に知っていただけたなら、望外の幸せである。

2007年初春で華やぐ吉日　都の西北にて
編著者　長沢伸也

《事例提供にご協力いただいた方々》（役職はいずれも取材当時）
株式会社ワコール
取締役　執行役員　人間科学研究所長　兼　知的財産部長　篠崎彰大様
ワコールブランド事業本部ディア営業部マネージャー　鈴木　淳様
ワコールブランド事業本部ディア営業部　平瀬淳子様

シャープ株式会社
取締役　AVシステム事業本部長　奥田隆司様
ディスプレイ技術開発本部ディスプレイ戦略推進室副参事　佐藤仁一様
広報室東京広報グループ主事　武田真明様

株式会社電通　第1クリエーティブディレクション局　神原秀夫様

株式会社バンダイ
インキュベーションセンター新規事業室マーケティングチームマネージャー　車古光一様
インキュベーションセンター技術開発室 EL ライフデザインマネージャー　中荒井浩様
インキュベーションセンター新規事業室企画開発第二チームリーダー　仲山拓也様
社長室経営企画チームサブリーダー　小関尚紀様

経験価値ものづくり
ブランド価値とヒットを生む「こと」づくり

もくじ

まえがき 3

序章　感性に訴えるものづくりのための「経験価値」とは何か 11
1. 「もの」から「こと」のデザインへ 12
2. 「経験価値」と「戦略的経験価値モジュール」 13
3. 『ヒットを生む経験価値創造』所収事例 15
4. 『老舗ブランド企業の経験価値創造』所収事例 21
5. 機能的便益と経験価値の関係 25
6. 各事例のまとめ 27

第Ⅰ部　製造業におけるおもてなし価値創造 29

第1章　経験価値とおもてなし価値に関する理論的背景 31
1.1　製造業における経験価値の有効性に関する研究 32
1.2　サービス業におけるおもてなし価値提供に関する研究 36

第2章　製造業におけるおもてなし価値の提供 43
2.1　先行研究に関する考察 44
2.2　製造業におけるおもてなし価値提供の可能性 46
2.3　製造業におけるおもてなし価値三要素 47
2.4　製造業におけるおもてなし価値三要素のトータルデザイン 51
2.5　おもてなし価値提供のためのポイントと検証方法 53

第3章　ケース：シャープ液晶テレビ「AQUOS」......55
3.1　液晶テレビ業界の概要 56
3.2　シャープとそのAV事業の概要 57
3.3　経験価値の枠組みによる分析 60
3.4　おもてなし価値三要素による分析 72
3.5　まとめ 83

第4章　ケース：ワコール ラグジュアリーブランド「WACOAL DIA」......85
4.1　インナーウェア業界の概要 86
4.2　ワコール ラグジュアリーブランド「WACOAL DIA」の概要 87
4.3　経験価値の枠組みによる分析 90
4.4　おもてなし価値三要素による分析 101
4.5　まとめ 106

第5章　おもてなし価値創造へ向けて 109
5.1　おもてなし価値創造のためのポイントの検証結果 110
5.2　成熟社会における経験価値マネジメント 111
5.3　今後の課題 113

第Ⅱ部　デザインが導く経験価値創造 117

第6章　デザインが導く経験価値の提供 119
6.1　あらためて考えるデザインの重要性 120
6.2　経験価値マーケティングとデザイン 122
6.3　ノーマンのデザイン論 125
6.4　経験価値とクチコミ 131
6.5　シュミットのSEMとノーマンのデザイン要素の対応 133

6.6　記憶とデザインと経験価値の関係 ……136
6.7　基本的機能とデザインと経験価値の関係 ……139

第7章　ケース：コクヨ 消しゴム「カドケシ」……143
7.1　文具業界とコクヨの現状 ……145
7.2　カドケシの開発 ……146
7.3　カドケシの機能と便益 ……147
7.4　経験価値の枠組みによるカドケシの分析 ……151
7.5　カドケシのデザインと記憶と経験価値 ……154
7.6　まとめ ……157

第8章　ケース：バンダイ エンターテイメント・オーディオ「リトルジャマー」……161
8.1　玩具業界とバンダイの現状 ……164
8.2　リトルジャマーの開発―原価低減プロジェクトから新規事業へ ……165
8.3　リトルジャマーの機能と便益 ……170
8.4　経験価値の枠組みによるリトルジャマーの分析 ……173
8.5　リトルジャマーのデザインと記憶と経験価値 ……176
8.6　リトルジャマーにおける定番商品化への取り組み ……181
8.7　まとめ ……186

第9章　デザインによる感動がヒットに結びつく ……189
9.1　ポイントの検証結果 ……190
9.2　デザインの定義 ……193
9.3　アフォーダンス ……196
9.4　認知心理学における記憶 ……196

結章　事例研究を活かす視点 ……201
10.1　商品開発ケーススタディの学び方 ……202
10.2　商品、価格、流通チャネル、販促からの論点 ……203
10.3　プロダクト・マネジャーからの論点 ……210
10.4　経営者からの論点 ……213
10.5　商品、価格、流通チャネル、販促から見た事例 ……214
10.6　プロダクト・マネジャーから見た事例 ……215
10.7　経営者から見た事例 ……216

さくいん ……218

編著者・著者紹介 ……222

装丁・本文デザイン＝さおとめの事務所

序章

感性に訴える
ものづくりのための
「経験価値」
とは何か

一澤帆布（現、信三郎帆布）のかばん、エルメスのスカーフやバッグの人気の秘密は従来のマーケティング理論では説明がつかない。「十分な品質の製品を、低価格で、広い流通チャネルで、大量に広告・宣伝して売る」のではなく、「最高の品質の製品を、高価格で、直営店舗のみで、ほとんど広告・宣伝せずに売る」のだ。このような感性に訴えるものづくりのための重要な考え方である「経験価値」とは何か、豊富な事例を紹介しながら解説する。

1.「もの」から「こと」のデザインへ

　技術的には優れているものや品質が優れているものが必ずしも売れるとは限らない。だから、技術経営（Management of Technology, MOT）が必要なのである。

　極論すれば、技術的に優れているものや品質が優れているものが必ず売れるのであれば、技術経営は必要ない。この意味で、技術経営では技術以外のものが問題なのであり、技術経営とは技術以外のものを考慮することである。

　技術経営で考慮すべき「技術以外のもの」にはいろいろあるが、最も重要なものは顧客である。「製品としては良く出来ていたが、売れなかった」ということがよく聞かれる。それは良い「製品」であっても良い「商品」ではなかったということである。高い技術や高い品質の「製品」が顧客に伝わらなければ「商品」にならない。

　そこで外せない条件は、「もの（製品）」と「ひと（使い手）」との関係を滑らかに取り持つような、いわゆる「こと」のデザインであろう。そこでは、製品と人間との接点、触れ合う部分（ヒューマンインターフェイス）が第一に考えられ、その条件が備わっていることが重視されるのはもちろんである。しかし、それ以上に「もの（製品）」に「ひと（使い手）」が出会う「出会い」が重要である。

　それは単に「もの」の形や格好を決めるだけではなく、その「もの」を使うことで、その人がどう感じるのか、あるいは、どう幸せになれるのかまでを考えてデザインすることである。

　このように「もの」を実際に使う「ひと」を常に頭に思い描きながらデザイ

ンしたもの（製品）は、売り出すもの（商品）にできる。製品と商品を同じコインの表と裏にすること、それが「こと」をデザインするということである。要は、自分たちが提供する製品が、どのくらいそれを購入する人のためになるかに尽きる。

しかし、高い技術に基づいた製品に対しては、作り手からはその高い技術ゆえに評価が高くなり、自己満足と自信を持ちがちである。しかし顧客は、高い技術かどうか理解できないし、自分の幸せに関係するかどうか分からない。この傾向は技術力が高ければ高いほど顕著であろう。この解決のための解答が、「経験価値」の考え方である[1]。

2.「経験価値」と「戦略的経験価値モジュール」

「経験価値」とは、過去に起こった個人の経験や体験のことを指すのではなく、顧客が企業やブランドとの接点において、実際に肌で何かを感じたり、感動したりすることにより、顧客の感性や感覚に訴えかける価値のことである。

「経験価値」は、単なる顧客サービスとしての付帯的な価値ではなく、企業やブランドが提供する製品やサービスを顧客志向で捉えた場合の本質的な価値であると考える。そして、「経験価値」を創造するマーケティング（経験価値マーケティング）においては、単に製品・サービスをモノとして売るのではなく、顧客の消費をライフスタイルにおけるコンテクスト（文脈）として捉え、その過程で感覚や感情に働きかけることにより、消費の意味づけを行うことを目的とする。

経験価値マーケティングの第一人者であるコロンビア大学のバーンド.H.シュミット（Bernd H. Schmitt）教授は、マーケティング活動に役立つ戦略基盤として、**図表1**に示すように、経験価値を5つのモジュールに分類している[2]。この5つの戦略的経験価値モジュールは次のような経験価値を内容とする。

①「SENSE」：顧客の五感（視覚・聴覚・触覚・味覚・嗅覚）に直接的に訴えかけることにより、審美的な楽しみ（エスセティクス）や刺激的な興奮を生み出す感覚的経験価値である。自動車を例にとると、ジャガーが提供する感覚的経験は審美的な楽しみであるのに対して、ポルシェが提供する感覚的経験は

図表1 シュミットの戦略的経験価値モジュール

分類	経験価値の内容
SENSE	五感に働きかける感覚的経験価値
FEEL	感情や気分に働きかける情緒的経験価値
THINK	創造性や認知に働きかける知的経験価値
ACT	肉体的経験価値とライフスタイル全般に働きかける行動的経験価値
RELATE	準拠集団や文化との関連づけに働きかける関係的経験価値

注：バーンド.H.シュミットが用いた呼称を分かりやすさのため一部変更している。
出典：長沢伸也編著『老舗ブランド企業の経験価値創造』、同友館、2006年、p.19、図表1-2
原出典：バーンド.H.シュミット著、嶋村和恵・広瀬盛一共訳『経験価値マーケティング』、ダイヤモンド社、2000年、3章より筆者作成
　　　（原出典は文章のみであり、それをアレンジして出典で表にした。それを修正の上引用している。）

刺激的な興奮である。

②「FEEL」：顧客の内面にある感情や気分に訴えかけることにより、情緒的に生み出される経験価値のことである。スターバックスの店舗でコーヒーを飲んでいるときに感じるくつろいだ気分や、ディズニーランドで感じる熱中感などが、情緒的経験価値である。

③「THINK」：顧客の創造力を引き出す認知的・問題解決的な経験を通して、顧客の知性に訴求する経験価値のことである。花王の食用油「健康エコナ」や飲料茶「ヘルシア緑茶」は、体脂肪がつきにくい効能が、健康に対する関心に知的刺激を与えている。

④「ACT」：肉体的な経験価値、ライフスタイル、そして他人との相互作用に訴える経験価値である。アップルコンピュータの「iPod」やBMWの「ミニクーパー」などは、ライフスタイルの差別化による自意識を満足させている。

⑤「RELATE」：集団社会における個人の自己実現への欲求に訴求する経験価値のことである。アメリカの自由な魂の象徴であるハーレーダビッドソンは、オーナーが自らの腕や全身にそのロゴを刺青してしまうほどの強烈な顧客ロイヤルティを構築している[1]。

3. 『ヒットを生む経験価値創造』所収事例

日本における「経験価値創造」の事例として、拙編著[1]より4事例を紹介する。

経験価値を作り上げた事例としてこれまで頻繁に使われてきたのは、スターバックスやハーレーダビッドソンだったので、日本の具体的な事例を紹介している点は興味深いであろう。とくに経験価値創造がよく理解できると早稲田大学大学院 嶋村和恵教授(『経験価値マーケティング』[2]『経験価値マネジメント』[3]の翻訳者)から評されたのは「一澤帆布」と「アルビレックス新潟」の事例であった[4]。

日本の具体的な事例を通して、経験価値の理論に興味を持った、あるいは理解が深まったという声も少なくなく、経験価値の理論の普及と実践に貢献できたと自負している。また、この前著[1]は、2005年度の日本感性工学会出版賞を受賞している。

3.1 INAX「SATIS」

写真1に示す株式会社INAXのタンクレス・トイレ「SATIS」は、トイレ・

写真1　INAX「SATIS」
写真提供：株式会社INAX

図表2　戦略的経験価値モジュールによる INAX「SATIS」の経験価値

分類	「SATIS」の有する経験価値
SENSE	・審美的空間を感じさせるデザイン ・顧客の感覚に訴えかけた高機能 ・新たな生活環境としてのトイレ空間
FEEL	・清潔感あふれる雰囲気を醸し出す場 ・利用者に対する安心感や安堵感 ・他人に褒められる理想のトイレ像
THINK	・トイレ空間を拡げたタンクレス ・想像力に富む多様なコーディネート ・期待を超えるタンクレス洗浄
ACT	・全自動化によるトイレ行動の変化 ・お客様・仲間にも自慢できるトイレ ・トイレ空間のインテリア化
RELATE	・社会的責任を果たすエコデザイン ・ブランド化による顧客への訴求 ・新たな社会的カテゴリーの形成

出典：長沢伸也編著『ヒットを生む経験価値創造』、日科技連出版社、2005年、p.120、表5-3

洗面・化粧台などの衛生陶器商品であり、顧客の感性を刺激するそのデザインと画期的なタンクレス・トイレは、今までにない興味深い商品となっている。

「SATIS」は、トイレを「おもてなし空間」にするという発想の転換によって、既存のトイレの概念を超えた独自の付加価値を提供しており、新たな顧客価値を創造している。

そこで、「この顧客価値はどのようなものか」「顧客にどのような感動を与えているのか」などについて、同社空間デザイン研究所　宮脇伸歩所長の講演と質疑に基づき、顧客価値創造の概念として最近注目されている「経験価値」のフレームワークを活用して、図表2のように競争優位性を含めた分析と考察を試みた。

3.2　NISSAN「X-TRAIL」

写真2に示す日産自動車株式会社の「X-TRAIL」は、2000年11月の発売

序章　感性に訴えるものづくりのための「経験価値」とは何か

写真2　NISSAN「X-TRAIL」
写真提供：日産自動車株式会社

図表3　戦略的経験価値モジュールによるNISSAN「X-TRAIL」の経験価値

分類	「X-TRAIL」の有する経験価値
SENSE	四角いデザイン
FEEL	転ぶCMで、スポーツをする人の心理を刺激
THINK	水洗いできる車内に驚き・思考
ACT	X-TRAIL JAMなどのイベントを通じたアウトドアスポーツX-TRAILへの引き込み
RELATE	アウトドアスポーツX-TRAILへの緩やかな関係のファンクラブ化

出典：長沢伸也編著、前掲書[1]、p.147、表6-4

　以来好調な販売を続けており、2005年まで5年連続でSUV（Sports Utility Vehicle）の国内販売台数第1位の座を獲得している。さらに世界170カ国以上で2004年度16万5千台を販売、各国でクラストップの販売成績を実現し、現在も販売国を拡大し続けている。
　「X-TRAIL」は「商品企画七つ道具」を駆使して開発された商品であり、売れて当然ともいえる。しかし、これだけの持続的な売れ行きを実現できる理由を、機能と便益だけに求めてよいであろうか。
　単なる「ヒット車」を超えた要素を検討する必要があるのではないだろうか。

17

そこで、同車のCPS（チーフ・プロダクト・スペシャリスト）である戸井雅宏氏の早稲田大学ビジネススクールにおける講演やヒアリングを踏まえて、顧客価値を創造する概念として「経験価値」の切り口で**図表3**のように分析した。また、経験価値というとキャデラック、ポルシェ、フェラーリのような超高級車をイメージできるが、「X-TRAIL」は"待っている顧客"のために、200万円という"庶民的"価格にこだわった。この価格でいかに、経験価値を実現できたかも併せて考察した。

3.3 京都企業「一澤帆布（現、信三郎帆布）」の帆布製かばん

京都が地場の小さな企業ながら全国的に有名な帆布製かばん（**写真3 参照**）を製造・販売する京都の老舗企業「一澤帆布」を取り上げた。4代目当主（当時）の一澤信三郎代表取締役と夫人の一澤恵美取締役へのヒアリングに基づき、一澤帆布の人気の秘密を商品開発力と経験価値の観点から**図表4**のように分析した。

一澤帆布は、直営店1店舗とカタログ販売のみながら、「日本のルイ・ヴィトン」と称される人気ぶりであり、京都駅から直行する観光客も多い。「京都の老舗企業」「天然繊維の帆布」「こだわりの職人技」といったイメージに象徴される伝統産業にありながら、顧客のライフスタイルの変化に対応し、若い世代を中心とした顧客の経験価値を創造し続けている。

一澤帆布の経験価値創造の源泉は、商品開発の特徴である「職人による丁寧な仕事へのこだわり」「古くて新しい天然繊維の帆布製品」「顧客ニーズのフィードバック」の3点である。すなわち、企業の商品開発力と顧客の経験価値が表裏一体の関係となっているのである。

前著[1]の出版後、「一澤帆布工業」の相続と経営を巡る裁判などを経て、長兄・一澤信太郎氏らにより、2005年末に三男・一澤信三郎氏は代表取締役を解任された。一澤信三郎氏は「株式會社一澤信三郎帆布」を設立し、新たなブランド「信三郎帆布」と仮店舗を2006年4月に立ち上げた。72名の社員は一人も欠けることなく一澤信三郎氏と行動を共にした。職人すべてが去った「一澤帆布工業」は休業を余儀なくされたが、2006年10月に帆布製かばんを外注することで事業再開した。したがって、前著は貴重な記録となった。前著の

写真3 「一澤帆布（現、信三郎帆布）」の帆布製かばん
出典：長沢伸也編著、前掲書［1］、表紙カバー写真

図表4 戦略的経験価値モジュールによる「一澤帆布（現、信三郎帆布）」の経験価値

分類	「一澤帆布」の有する経験価値
SENSE	・ラベルによる視覚的なブランド判別性 ・帆布のもつ視覚的な風合い ・丁寧な仕上げによる肌触りの良さ
FEEL	・愛着感を感じさせる製品寿命の長さ ・ノスタルジーを感じさせるラベル
THINK	・探究心を満たす丁寧な職人技
ACT	・モノを大切にするライフスタイル
RELATE	・修理サービスを通じた顧客ロイヤルティ

出典：長沢伸也編著、前掲書［1］、p.197、図7-2を編集

「一澤帆布」という記述を現在の「信三郎帆布」と読み替えれば、こだわりのものづくりに関する分析・考察はほとんどそのまま有効である。

3.4 サッカーJ1「アルビレックス新潟」

抜群の観客動員を誇るサッカーJ1の株式会社アルビレックス新潟を取り上げた。毎試合4万人の老若男女がチームカラーであるオレンジのユニフォーム（写真4参照）に身を包み声援を送る姿は圧巻であり感動的でさえある。

写真4　サッカーJ1「アルビレックス新潟」ユニフォームのエンブレム
出典：株式会社アルビレックス新潟　パンフレット

図表5　戦略的経験価値モジュールによる「アルビレックス新潟」の経験価値

分類	「アルビレックス新潟」の有する経験価値
SENSE	・他では味わえない4万人の熱狂経験 ・オレンジのチームカラーによる視覚的経験
FEEL	・大企業の支援のない、スター選手不在の「俺たちの手作りチーム」に抱く愛着経験
THINK	・新潟のネガティブイメージを解消しポジティブイメージに転換する経験
ACT	・2週に1度のお決まりのお祭り経験 ・サポーターによる統一的な声援経験
RELATE	・俺たちの地域「新潟」でサポーターがひとつになる経験

出典：長沢伸也編著、前掲書［1］、p.222、表8-3

　新潟は、スポーツ不毛の地と呼ばれ、大企業のスポンサーもいない、スター選手もいない、いわば、ないないづくしの地域での「奇跡」と呼ばれる現象を図表5のように経験価値の観点から分析した。分析にあたっては、早稲田大学ビジネススクールにおける池田弘社長(当時)の講演や各種メディアでの発言を引用し、同社の経験価値創造への取り組みを生の言葉で綴った。
　アルビレックス新潟を経験価値の観点からみると、「4万人の熱狂空間」と「郷土愛に訴える経験」を組み合わせてつくりこんだことが非常に効果的であ

り、このような経験価値の考え方は商品開発のみならず、スポーツビジネスをはじめとするエンターテイメント事業を進めるうえでも有用な知見を与えてくれる。なお、アルビレックス新潟は、もちろん一般の製品ではないが、「もの」の意味を拡大して目に見えないもの（こと）まで拡げると、その目に見えないものをどうつくりこむか、という意味で大いに参考になろう。むしろ、「経験価値」の考え方を理解するうえで、最も分かりやすい事例であるとさえ言うことができる。

4. 『老舗ブランド企業の経験価値創造』所収事例

京都商工会議所主催「デザイン マネジメント シンポジウム」（コーディネーター：筆者）が2004年3月16日に金剛能楽堂（京都市上京区）で開催され、好評を博した。拙編著[7]は上記「デザイン マネジメント シンポジウム」の内容を踏まえたうえで、このような「経験価値」という概念を基盤として、「従来のマーケティングでは説明がつかない、むしろ逆を行くような、ものづくりや職人技へのこだわり」と、「製品だけではない、顧客との出会いのデザイン」の分析を試みたものである。京都の老舗企業である「末富」「松栄堂」とパリの老舗「エルメス」を事例に取り上げ、これらの事例を通して、老舗ブランドが顧客の心をつかむ理由を理論的に明らかにし、顧客価値を高める技術経営としての「経験価値」の有用性を明らかにしている。なお、同書も2006年度の日本感性工学会出版賞を受賞している。

4.1 京菓子司「末富」

和菓子業界の中でも独特な世界をつくりだしている京菓子に焦点を当てて、その中でも京菓子の老舗界において「高級ブランド」として名を連ねる京菓子司 株式会社末富（**写真5**参照）について取り上げた。末富は「裏千家さん」を代表としたお茶会などに常に使われており、著名な茶人・茶道の関係者とも深いつながりを持っている。このような厳格な場で使われるため、常に顧客の期待を超えた和菓子を作り、顧客満足を裏切らないものに仕上げている。ただ、顧客満足を実現している反面、一般に購入できる和菓子と比べて値段が

写真5　京菓子司「末富」のロゴマーク
出典：株式会社末富 ホームページ

図表6　戦略的経験価値モジュールによる「末富」の経験価値

分類	「末富」の有する経験価値
SENSE	・独特なデザインによる造形美 ・菓子の上質な旨みによる素材の風味 ・洗練された伝統に基づく識別性 ・伝統的な店構え ・水色を基調とした素敵な包装紙・紙バッグ
FEEL	・多種多様なデザインが生み出す彩り ・菓子の奥深さが生み出す幸福感 ・伝統を守ることでの京文化への感動
THINK	・感性豊かなデザインや独特なネーミングによる和菓子への想像力 ・見事なまでの菓匠の職人技
ACT	・単なる食品という価値観からの「和菓子の芸術品」「和菓子でのもてなし」という食品を超えた価値観への再認識
RELATE	・伝統の固守と期待通りの商品提供による顧客との継続的かつ信頼ある顧客接点の構築

出典：長沢伸也編著『老舗ブランド企業の経験価値創造』、同友館、2006年、p.81、図表2-7

少々高いものになっている。にもかかわらず、全国からは多くの客が訪れており、末富の和菓子を一度でもいいから食べてみたいと思わせる魅力がある。

　そこで、末富が作る和菓子はどのような顧客価値を創造しており、どのような独自の付加価値を提供しているかを明らかにするため、山口富藏ご主人へのヒアリングを踏まえ、新たな顧客価値を創造する概念として最近注目されている「経験価値」のフレームワークを活用し、末富の人気の秘密を商品開発力と経験価値の観点から図表6のように分析した。「京都の老舗企業」「素材の力を生かす職人技」「五感に訴える造形」といったイメージに象徴される京菓子の伝統産業でありながら、ライフスタイルの変化を超越して、顧客の経験価値を創造し続ける末富の商品開発力を探っている。

4.2 香老舗「松栄堂」

株式会社松栄堂は1705年創業、実に300年の歴史を持つ、お香をはじめとする「香り」を販売する京の香老舗である。しかし松栄堂は、ただ単に「香り」の素材を販売するだけでなく、「香り」の素材を通じて「香り」の文化そのものを顧客に提供している。また写真6に示すようなインセンス（お香）ショップ「リスン」を展開するなど、まさに伝統と革新が共存する企業である。

そこで、経験価値創造の事例研究として松栄堂を取り上げ、同社畑正高社長へのヒアリングなどを踏まえ、シュミットの5つの経験価値分類に基づき、

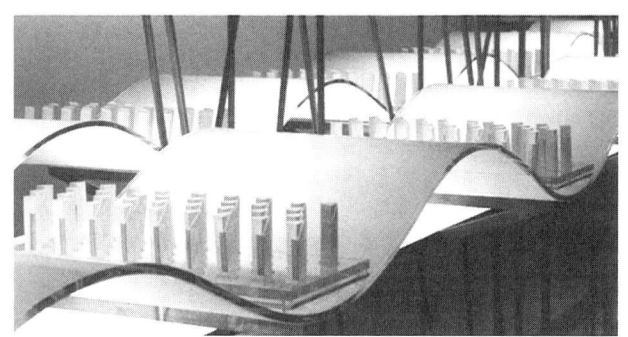

写真6　松栄堂のインセンスショップ「リスン」店内
出典：「リスン」パンフレット

図表7　戦略的経験価値モジュールによる「松栄堂」の経験価値

分類	「松栄堂」のお香が有する経験価値
SENSE	・香りそのもの ・お香らしい色（「松栄堂」ブランド）、お香らしくない色（「リスン」ブランド） ・伝統的な店構え ・「源氏香」が描かれた包装紙・紙バッグ
FEEL	・香りの精神に働きかける副次的効果 ・香りが導く個人の思い出
THINK	・香りに付随した文化の伝承 ・職人の伝承技術
ACT	・香りに満たされた生活空間の提供
RELATE	・顧客接点を重視した各種のイベント ・直営店中心による販売

出典：長沢伸也編著、前掲書［7］、p.134、図表3-4を一部加筆

図表7のように商品開発を含めたマーケティング力の分析と考察を行った。

4.3 ラグジュアリーの最高峰「エルメス」

最後に、ラグジュアリーの最高峰「エルメス」を取り上げた。その直接の理由は、同書[7]発刊のきっかけでもある「デザイン マネジメント シンポジウム」

写真7　エルメス「カレ」ソワベル・コレクション（左）と「ケリーバッグ」（右）
出典：エルメス カタログ

図表8　戦略的経験価値モジュールによるエルメス「カレ」と「ケリーバッグ」の経験価値

分類	スカーフ「カレ」が有する経験価値	「ケリーバッグ」が有する経験価値
SENSE	・シルクの持つ滑らかな肌ざわり ・芸術性の高い色彩豊かなデザイン	・最高級皮革素材のもつ感触 ・精密な手作業による縫製
FEEL	・馬車や乗馬を想起させる図柄 ・ストーリー性のある図柄	・グレース・ケリー（グレース王妃）を想起させる名称 ・乗馬を想起させるデザイン
THINK	・カラーバリエーションの豊富さ ・結び方の自由な考案	・カラー、素材、サイズの豊富さ ・母から娘へ伝えられる「記念のバッグ」
ACT	・身体包含に適したサイズ ・体に負担のない軽さ	・ハンドリングしやすい把手形状 ・低重心による安定性
RELATE	・スカーフの講習会の開催 ・貴族社会の文化としての競馬の後援 ・騎馬オペラ「ジンガロ」の後援	・貴族社会の文化としての競馬の後援 ・騎馬オペラ「ジンガロ」の後援

出典：長沢伸也編著、前掲書[7]、p.213、図表補-10を一部加筆

に京菓子司末富ご主人 山口富藏氏、香老舗松栄堂代表取締役社長 畑正高氏とともに、エルメスジャポン代表取締役社長 齋藤峰明氏も加わっていただいたことによる。

　異質とも思えるエルメスと京都の老舗企業という異色の組み合わせには、実は本質的な共通点が多い。同書[7]では、京都老舗企業である「末富」「松栄堂」の事例を通して、老舗ブランドが顧客の心をつかむ理由を理論的に明らかにし、顧客価値を高める「経験価値」の有用性を明らかにするものであるが、これが**図表8**に示すように「エルメス」のスカーフ「カレ」や「ケリーバッグ」(**写真7**参照)にもほとんどそのまま当てはまっている、という検証も意図している。

5. 機能的便益と経験価値の関係

　ここでは、これまで取り上げた7事例の分析結果を基に従来の機能的便益と新たな経験価値との関係や経験価値が果たしている役割とはどんなものかを考えてみる。

　機能的便益と経験価値の関係を考察するにあたって、顧客価値創造の観点から顧客にとって"何を提供し、何を生み出すか"を考えてみることは相対的関係を分析するのに有効であろう。

　機能的便益の視点から考えた場合、例えばトイレではトイレ自体の機能性向上や使い勝手などの利便性向上を顧客価値として生み出していると考えられる。また、多様なオプションによる品ぞろえで顧客の好みによる選択の向上やデザインの統一によるイメージ向上なども同様に価値として生み出していると思われる。ただし、タンクがなくなることによる省スペースで、従来トイレを設けられないような狭い場所でもトイレを設けられるという売り方であれば、単に機能的便益だけによるヒットである。

　経験価値の視点から考えた場合、例えばトイレではトイレ自体から生み出される顧客価値というよりは、トイレを含めた空間全体が顧客価値を生み出していると考えられる。つまり、今までとは異なったトイレ全体の空間や雰囲気を提供することで顧客の心理や感性に訴えかけ、トイレに対する認識を根底か

図表9　機能的便益と経験価値の相対的関係イメージ

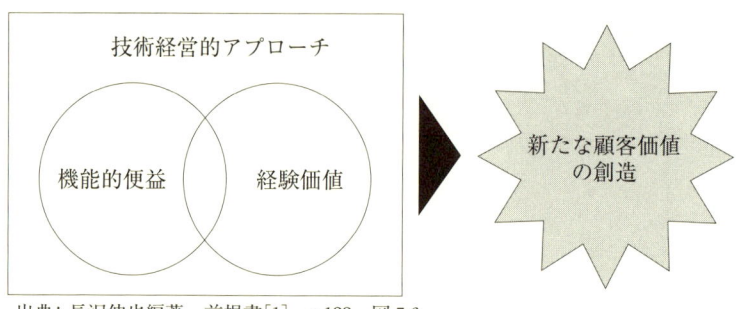

出典：長沢伸也編著、前掲書[1]、p.133、図 5-6

ら覆す顧客価値を生み出していると言える。これは、顧客のライフスタイルに影響を及ぼすほどの新たな顧客価値を創造しているということである。

　以上のような機能的便益と経験価値が生み出している顧客価値を比較してみると、お互いに重複する部分はあるものの、補完的関係にあると考えることができる。機能的便益はトイレの機能的側面や利便的側面の向上による顧客価値を提供しており、経験価値は機能的便益では与えることができなかった顧客の感性に対する心理的側面の向上によって顧客価値を提供しているのである。言い換えると、機能的便益は"物理的・身体的な満足を与える価値"を提供し、経験価値は"心理的・感性的な満足を与える価値"を提供している。

　図表9は、機能的便益と経験価値の相対的関係をイメージした図であり、お互いが得意の領域を持ちつつも補完しあいながら共存していると考えられる。また、お互いの補完関係が維持されているのは、技術経営的アプローチが実現しているものと考えることができる。つまり、技術経営的アプローチによって新規技術の開発（ダイレクトバルブ洗浄の開発など）を実現することで、機能的便益（タンクレスによる省スペースなど）を価値として提供している。また、経験価値（トイレに対するイメージチェンジなど）は新規技術の実現により顧客の心理に影響を及ぼしながら感性に関わる価値へと変化し、顧客に提供している。そして、機能的便益と経験価値が相補うことで、今までとは全く違う新たな顧客価値（トイレのおもてなし空間化など）を創造しているのである。

6. 各事例のまとめ

　以上考察してきたとおり、各事例を経験価値創造の視点から分析した結果、SENSE、FEEL、THINK、ACT、RELATE のいずれもが高度な水準で具備されており、各事例は経験価値の集合体であると同時に技術経営的アプローチから商品開発されたといえる。また、各事例を経験価値創造の事例として分析と考察を行うと、シュミットの5つの経験価値分類に基づいて整然と説明することができる。したがって、経験価値に関するこれらの考え方は、従来の機能的便益と相補うことで従来とは異なった、顧客の感性に訴える商品開発やものづくりを進めるうえで大いに参考になり、新たな顧客価値を創造していくものと考えられる。

　そして、各事例は、企業の商品開発力が顧客の経験価値の源泉となっており、ライフスタイルや文化を含めた製品に対する経験価値を創造している。技術（トイレのタンクレス化、京都の地域伝統産業と職人仕事など）という特徴を生かすことにより、顧客の経験価値を高め、競争優位性を確保できることを各事例は実証しているのである。

　なお、筆者らは経験価値による分析を発展させて、老舗中の老舗でありながら「TORAYA CAFÉ」など革新を続けながら進化する500年の老舗企業「虎屋」なども分析している[8]。

序章　参考文献
[1] 長沢伸也編著、早稲田大学ビジネススクール長沢研究室（山本太朗・吉田政彦・入澤裕介・山本典弘・榎新二）共著『ヒットを生む経験価値創造—感性を揺さぶるものづくり—』、日科技連出版社、2005年
[2] バーンド. H. シュミット著、嶋村和恵・広瀬盛一共訳『経験価値マーケティング—消費者が何かを感じるプラスαの魅力—』、ダイヤモンド社、2000年
[3] バーンド. H. シュミット著、嶋村和恵・広瀬盛一共訳『経験価値マネジメント—マーケティングは、製品からエクスペリエンスへ—』、ダイヤモンド社、2004年
[4] 嶋村和恵稿「ブックレビュー」、『日経広告研究所報』、第223号、p.72、2005年
[5] 長沢伸也・木野龍太郎共著『日産らしさ、ホンダらしさ—製品開発を担うプロダクト・マネジャーたち』、同友館、2004年
[6] 長沢伸也編著、早稲田大学ビジネススクール長沢研究室（大貫明人・検見崎兼秀・石川誠・梅田學・榎新二・豊泉光男）共著『生きた技術経営MOT—プロジェクトマネジャーからのメッセ

ージ』、日科技連出版社、2004 年
［7］　長沢伸也編著、早稲田大学ビジネススクール長沢研究室（入澤裕介・染谷高士・土田哲平）共著『老舗ブランド企業の経験価値創造―顧客との出会いのデザイン マネジメント―』、同友館、2006 年
［8］　長沢伸也・染谷高士共著『「虎屋」にみる老舗ブランド企業の経験価値創造（仮題）』、晃洋書房、2007 年出版予定

第Ⅰ部

製造業におけるおもてなし価値創造

第1章

経験価値と
おもてなし価値に
関する
理論的背景

1.1 製造業における経験価値の有効性に関する研究

　経験価値に関する事例研究は、早稲田大学ビジネススクール長沢研究室で継続的に行われている。2005年に出版された『ヒットを生む経験価値創造』(長沢伸也編著、日科技連出版社)においては、シュミットの先行事例を補う形で、日本の製造業に関する事例も多く紹介された。同書では、INAXのタンクレス・トイレ「SATIS」、日産自動車のSUV「X-TRAIL」、一澤帆布(現、信三郎帆布)のかばん、サッカーJ1「アルビレックス新潟」を取り上げ、経験価値の製造業での有効性について検証を行っている[1]。これらの企業が共通して顧客に提供している価値は、製品やサービスの価格や機能だけではなく、顧客の感覚や感情を通した「経験」や「体験」そして「感動」である。このように、実際に肌で何かを感じたり、感動することによって感性や感覚に訴えかけるマーケティングの展開を目的としたのが、経験価値マーケティングであり、今後のさらなる成熟社会において、新しい価値提供を行うマーケティング手法として注目されている。

　さらに経験価値に関連する研究としては米国のコンサルティング会社Strategic Horizon LLPのB. J. パインII世とJ. H. ギルモアによる『経験経済』[2]、堺屋太一による「知価ブランド」が見られる。これらの先行研究の共通点は、今後さらなる成熟市場へ移行することを前提に、経験や感動といった要素が顧客価値の創造に大きな意味を持つことを唱えていることである。本章では、これら先行研究の主張の分析を通して、成熟社会における経験価値の有効性を確認する。

1.1.1 経験経済

　パインII世とギルモアは著書『経験経済』で経済価値の進化過程を「コモディティ (Commodities)」「商品 (Goods)」「サービス (Services)」「経験 (Experiences)」「変身 (Transformation)」の5段階に分け、今後新たな経済成長と雇用の拡大を図るファクターは「経験」という価値の創出にあると唱えた[2]。コモディティから商品、サービス、経験、変身の5段階の進化過程を、

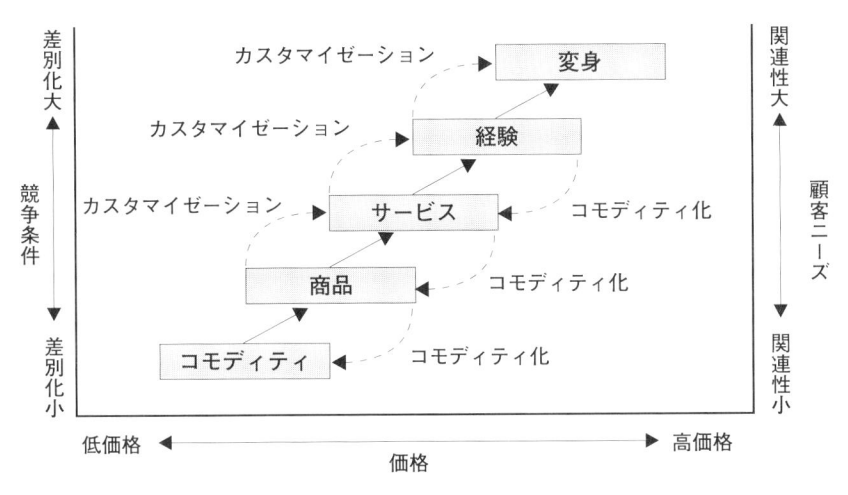

図表1-1　経済価値の進展の最終形態

```
差                                                            関
別   カスタマイゼーション  ┌──────┐                          連
化                        │  変身  │                          性
大                        └──────┘                          大
↑       カスタマイゼーション  ┌──────┐                      ↑
│                            │  経験  │
競                            └──────┘                      顧
争     カスタマイゼーション  ┌──────┐                      客
条                          │ サービス │  コモディティ化      ニ
件                          └──────┘                        ー
│                        ┌──────┐                          ズ
↓                        │  商品  │  コモディティ化          │
差                        └──────┘                          ↓
別                    ┌──────┐                              関
化                    │コモディティ│  コモディティ化          連
小                    └──────┘                              性
                                                              小
        低価格 ◀────────── 価格 ──────────▶ 高価格
```

出典：B. J. パインⅡ世およびJ. H. ギルモア著『経験経済』、ダイヤモンド社、2000年

価格・競争条件・消費者ニーズに関連づけて図式化したものが**図表1-1**である。

　そもそも「コモディティ」とは、商品取引市場で売買される小麦やトウモロコシなどの農産物、石油や鉱物資源、繊維ゴムなどの原材料といったもののことである。コモディティは代替可能であるため、生産者は価格に受動的となる。「商品」とは、コモディティを原材料に製造加工した有形の規格品のことであり、生産者は生産コストと差別化に基づき価格決定の自由裁量がある。「サービス」とは、特定の顧客の要求に対してカスタマイズした無形活動の総体である。「経験」とは「サービス」という舞台において、小道具である「商品」を用いて、特定の個人を魅了する場合に生じる「こと」である。コモディティは代替可能であり、商品は有形であり、サービスは無形だが、経験は思い出に残るという特性を持つ。最後の「変身」とは、カスタマイズされた体験により個人の欲求に対して持続的に影響を及ぼすことを意味する。

　この経験経済における経済価値の進化は、日本の社会環境の変化とほぼ同様の進化をたどっている。経済価値の進化を、**図表1-2**のように現在の団塊世

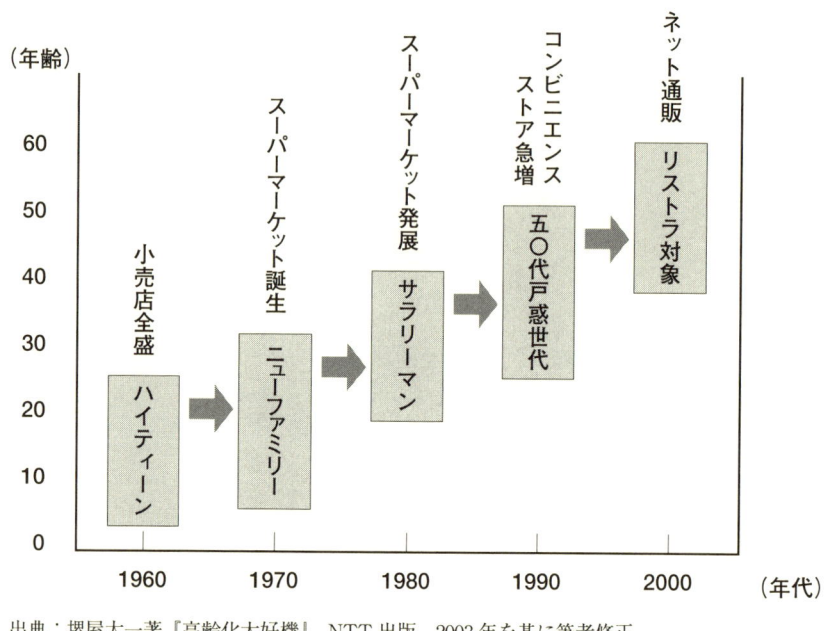

図表1-2 団塊世代の年齢と小売業の変化

年代	1960	1970	1980	1990	2000
	小売店全盛／ハイティーン	スーパーマーケット誕生／ニューファミリー	スーパーマーケット発展／サラリーマン	コンビニエンスストア急増／五〇代戸惑世代	ネット通販／リストラ対象

出典：堺屋太一著『高齢化大好機』、NTT出版、2003年を基に筆者修正

代（第二次世界大戦後のベビーブーム、1947年から1951年までの生まれ）の年齢と小売業の形態変化に照らし合わせると、その関連性が見えてくる[3]。

図表1-2の小売業の商品を野菜だと仮定してその価値形態の変化を考察する。

団塊世代が子供の頃は、基本的に小売店スタイルで野菜は八百屋で購入していた。八百屋で売られている野菜は、その日に市場で仕入れてきたものを店頭に並べるというスタイルが主であり、一部「コモディティ」に近い状況であった。

それが成人する頃からスーパーマーケットが誕生し、スーパーでの野菜販売は一気に発展拡大していった。スーパーでは八百屋と違って各野菜は包装され、「商品」として認識されるようになった。30代の仕事全盛期には、スーパーも大きく発展し、顧客のニーズに合わせたさまざまな「サービス」が付加されていった。例えば、種類の増加、少人数用のカット、料理種別のパック、惣菜としての加工などがそれである。

40代から50代にかけての90年代には24時間営業のコンビニエンスストアが飛躍的に発展してきた。この影響を受け、スーパーの24時間化が進んだことで、真夜中でも野菜が手に入り、食事ができるという新しい「経験」を通じて、ライフスタイルの変化が起こった。

そして退職に近づいた頃、インターネットの普及率が爆発的に高まった。採れたての産地別こだわり野菜を個別に取り寄せ、単なるおかずとしての野菜ではなく、自分の身体を健康に「変身」させるための健康食材として購入するという、全く新しい購買形態が出現したのである。

このように、パインⅡ世とギルモアが『経験経済』で唱えた経済価値の進化は、ほぼ日本の団塊世代の消費行動に連動した、経済の成長とともに進んでいる。このことから、今後の日本の成熟社会においては「商品」や「サービス」といった実質的な価値から、「経験」や「変身」といった経験的な価値が重要になると思われる。

1.1.2　知価ブランド

「団塊の世代」[4]の名づけ親でもある堺屋太一は、著書『ブランド大繁盛』にて、今後日本は新たな経済発展段階である「知価社会」に入り、そこでは新たなブランド価値「知価ブランド」の提案が有効であると説いている[5]。

堺屋は、「知価社会」とは多様な知恵の値打ち（知価）が、経済の成長と企業の利益の主要な源泉になる世の中であると定義しており、この考えは経験価値を提案する上で前提となる社会環境と解釈することができる。そこで、さらに「知価ブランド」の特徴について整理を行うことで、今後の成熟社会における経験価値の有効性について確認する。

同書ではまず、ブランドには大きく分けて3つの種類があるとしている。

第1は、伝統ブランドである。かつて、権力者の主導か地理的な利点か、あるいは偶然に出現した天才によって生まれた職人芸や地域的伝統を引き継いだもので、例えば、虎屋の羊羹はそれにあたる。

第2は、大量生産ブランドである。大量生産を行うことで均質的な商品を大量に供給、消費者に安心と慣れを持たせることで「買いやすさ」をつくりだし

図表1-3　ブランド3種の対比

	伝統ブランド	大量生産ブランド	知価ブランド
発生	歴史的継承（伝統）	知名度（大量広告）	知恵の創造（個性）
主な要点	技術の継承 理由のある高価格 記念的購買	品質機能の確実性 合理的な価格 買いやすい	高級イメージ（神話） 圧倒的高価格 支持層の掌握
市場対策	伝統の強調 記念的価値	日常性の定着 安心感（予測可能）	優越感の提供 非日常性の満足感

出典：堺屋太一著『ブランド大繁盛』、NTT出版、2004年

ている商品でソニーのCDプレーヤーはそれにあたる。

　第3は、知価ブランドである。高いセンスの製品であることが社会的に認知されていることで、消費者に主観的な満足感を与える商品であり、エルメスのスカーフはそれにあたる。この3種類のブランドの特徴をまとめると**図表1-3**となる。

　今までは上記の伝統ブランドと大量生産ブランドが、経済の成長と企業の利益の主要な源泉と解釈され、第三の知価ブランドは、一部海外の高級ブランド程度しか適合しないと考えられてきた。しかしここへ来て、知価ブランドという新しい概念がさまざまな分野で見られ始めている。さらに上記の主な要点や市場対策には、圧倒的高価格や優越感の提供など、経験価値と共通する概念が多く見られる。

　今後の成熟社会においては、新たなブランド価値「知価ブランド」を、一部の高級ブランドとしてだけではなく、より広くの分野・商材に展開していくことが経済の発展につながるための課題であると考える。そしてこの「知価ブランド」を具体的に提案するためには経験価値的なアプローチが必要だと考えられる。

1.2　サービス業におけるおもてなし価値提供に関する研究

　本書の目的は、今後のさらなる成熟社会において製造業が顧客に提供すべ

き新しい価値の探索である。サービス業に目を転ずれば現在の成熟社会にあっても十分評価され、高収益モデルの源泉となっている価値提供のスタイルが存在する。おもてなし価値による感動の提供がそれである。おもてなし価値とは、商品の販売、アフターケアなどにおいて、例えば一流の旅館のような質の高い「おもてなし」を行い、ブランドそのものの価値を高めることを指す。この価値の提案は今までサービス業にのみ展開されてきたものであるが、今後製造業への転用の可能性についても視野に入れながら、先行研究としての概論を整理する。

1.2.1 サービスとおもてなしの関係

サービス業におけるおもてなし価値提供の有効性を検証するうえで、まずはじめにサービスとおもてなしの関係について、その語源から探ってみる。

サービスの語源については、東洋大学教授で日本ホスピタリティ・マネジメント学会の理事長を務める服部勝人が、その著書『ホスピタリティ・マネジメント入門』において、「サービスという言葉は、その源はエトルリア語から発生したといわれ、そのエトルリア語から発生したラテン語の形容詞セルバス：servus（奴隷の、地役権のある）が語源となっている」と解説している[6]。さらにセルバス：servusから派生したラテン語セルビール：servire（仕える）へと変化し、奴隷的要素を残したまま「仕える」という意味を持つようになっていった。そしてこの「仕える」レベルについても以下の3つがあると言われている。

①人が神に仕える　＝　礼拝・祭式
②人が国家に仕える＝　公務・軍務
③人が人に仕える　＝　給仕・サービス業

現在「サービス」という言葉はすっかり日本語化し、基本的に③の給仕の意味として使用されることが一般的であるが、語源としては①の礼拝を通して人が神に仕えることが始まりで、宗教上使われていた言葉である。

この礼拝は、サービス業の起源と実は深い関わりがある。中世ヨーロッパでは、人々は聖地への巡礼のため旅に出た。当時宿屋はなかったため、旅の途

中は修道院に宿泊しながらの旅となった。15世紀になると、修道院以外にも宿泊する施設として寝る場所や食事を提供する宿屋ができ、これがサービス業の始まりと言われている。

19世紀後半には、それまで無償でのもてなしを実施していた宿屋が、徹底的に宿泊客をもてなすことでサービスを有料化し、ホテルとなった。ホテルの語源はラテン語の hospitale（ホスピターレ）、その意味は「お客さまをねんごろにもてなすこと」である。ホスピターレには二つの意味があり、一つは病人や負傷者を泊めて介護する施設、もう一つは旅人に寝食と休息を与える場所の意味である。中世ヨーロッパの時代はこの二つの意味を兼ねた僧院がその象徴であった。その後この二つの意味は機能的に分化し、病院（ホスピタル）と宿泊所（ホテル）となったと言われている。

さらにこのサービスとホスピタリティ（おもてなし）の語源を通して、それぞれの人間関係の条件を確認する。サービスは先に触れたように、奴隷的意味が含まれていることから顧客が主人であり提供者が従者という立場で、サービスを提供する際に一時的主従関係になっている。一方、ホスピタリティについては、その主要な語源である hospes には、主人（host）・客人（guest）の両者の意味が含まれ、主人と客人が同一の立場に立つ態度を常に保つという意味がある。両者が対等的関係になっているところがサービスとの違いである[6]。

このように、サービス業におけるおもてなし価値の提供は、起源をたどると密接な関係であることが分かる。おもてなしの提供こそ、サービスの本質だったのである。現代の成熟社会において、新しい価値として再認識され始めた「おもてなしの心」には、価値を提供する側とされる側に対等な関係が存在するという、新たなサービスの概念が含まれる。

1.2.2 サービス業と製造業の違い

次にサービスの定義を整理することで、本書で対象とする製造業との違いを明確にし、価値展開の可能性を探る。

まずサービスの定義について近藤隆雄は著書『サービスマネジメント入門』で「サービスとは人間や組織体に、なんらかの効用をもたらす活動で、その

ものが市場で取引の対象となる活動である」[7] と述べている。さらにフィリップ・コトラーは著書『コトラーのプロフェッショナル・サービス・マーケティング』で、そのサービスの特徴として「無形性」「変動性」「不可分性」「消滅性」の4つを、「もの」商品との違いとしてまとめている[8]。これについては先述の近藤隆雄も同じ観点で4つの特徴をまとめているので、それを**図表1-4**のように整理しながら解説する。

(1) 無形性

サービスとなる「活動」は、物理的な形をとることができない。よって「もの」商品とは違い、流通や在庫、また顧客に事前に見せたり、試しに使わせたりすることも不可能である。

(2) 生産と消費の同時性

サービス活動の対象が人である場合、サービスは生産と同時に消費されていることとなり、顧客が必要とする場所と時間において生産されることが条件となる。よって「もの」商品とは違い、サービスのやり直しや取替えは不可能である。

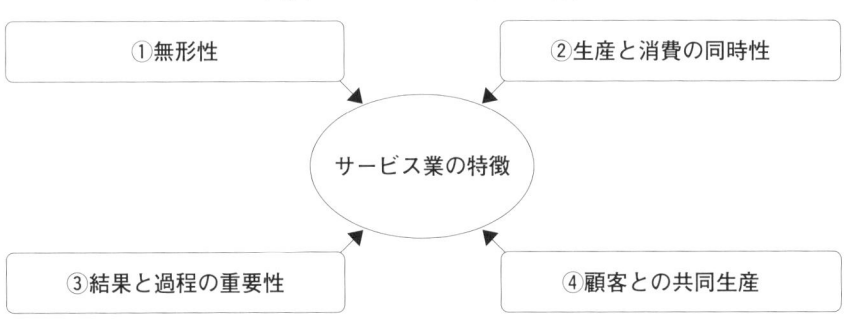

図表1-4　サービス商品の特徴

①無形性　②生産と消費の同時性　③結果と過程の重要性　④顧客との共同生産　→　サービス業の特徴

出典：近藤隆雄著『サービス・マーケティング』、生産性出版、1999年を基に筆者作成

(3) 結果と過程の重要性

　サービスの本質は「もの」ではなく「行うこと」であるから、結果が出るまでは、働きかけの対象である顧客は、その活動を否応なく体験する。よって「もの」商品とは違い、活動過程の体験そのものが快適なものであることが望ましい。

(4) 顧客との共同生産

　サービスは提供者にとっては活動、顧客にとっては体験、客観的にはイベントと考えれば、顧客はその場面に登場する役者である。よってモノ商品とは違い、顧客の消費体験をより豊かなものにできる可能性がある。

　サービスの4つの特徴をまとめると、サービスは無形であることが前提となる。最終的に価値の提供側とそれを享受する顧客が、その消費の場において価値を共有するという点が「もの」商品との大きな違いであることが分かる。4つ目の特徴としてあげた顧客との共同生産においては、消費の場を舞台として捉え、顧客と共に役者として演ずる。こうした消費の概念は、先述の両者の関係が対等となる「おもてなし状態」のときに成立する新しい捉え方として、製造業への展開も十分可能であると考える。

1.2.3　サービス業におけるおもてなし価値提供の事例

　近年サービス業界では、この「おもてなしによる感動」を、提供する価値として定め、徹底的なオペレーションの強化を図り、競争上の優位性にまで高めているいわゆる「オペレーショナル・エクセレンス」[9]状態の企業が、現代の成熟社会において成功を収め、話題になっている。その事例が多く紹介されているのは、ホテル業、旅行業、飲食業、娯楽業等であるが、中でも「リッツ・カールトン・ホテル」と「ディズニーランド」がその代表格である。

(1) リッツ・カールトン・ホテル

　リッツ・カールトンにおける、おもてなし価値の提供に対する考え方につ

いて、同社日本支社長 高野登氏が『リッツ・カールトンが大切にするサービスを超える瞬間』で次のように述べている[10]。

> 「リッツ・カールトンに泊まると、なぜか次々に驚くようなことが起きる。私たちは、そうした体験を作り出すことをリッツ・カールトン・ミスティーク（神秘性）と呼んでいます。（中略）ミスティークは大きさにかかわらず感動を引き起こすものであり、リッツ・カールトンでは感動は最高のおもてなしのひとつだと考えています。ホテルとしてミスのない百点満点のサービスをしてもお客様はいいホテルだねという評価をしてくださるだけです。（中略）リッツ・カールトンが目指しているのは、いいホテルという位置づけではなく、感性豊かなホテルという評価です。」

(2) ディズニーランド
　一方ディズニーランドにおけるおもてなしの精神は次のように解釈され、全社員に徹底されている。

> 「おもてなしとは、自分の良心の心からの表現であり、その場で求められている最高で本質的な温かさを作り出す"動き"であり、それを自然にさりげなく表現すること。」

　これは東京ディズニーランドで教育訓練のシステム開発を担当していた小松田勝氏が著書『ディズニーランドの「ホスピタリティ」はここが違う』で述べている[11]。
　さらにディズニーの人事研修機関ディズニー・インスティチュートによる著書『ディズニーが教えるお客様を感動させる最高の方法』では、ディズニーが提供しているのは「経験」だということを下記のように紹介している[12]。

> 「この時代においては、モノやサービスは単にお客様をつなぎとめる小道具にすぎない。お客様が求めるのは、記憶に残る経験をすることであり、企業はそうした経験を演出しなければならない。子供をつれてディズニー・ワールドへ行くのは、それ自体が目的なのではない、その後何ヶ月も、何年も、日常の会話で家族が共有するものを作るために行くのだ。」

このように両社とも、顧客に提供している価値は「体験による感動」である。最終的に顧客を感動させるために、実にさまざまな「体験」を用意しているのがその特徴である。

第2章

製造業における おもてなし価値 の提供

2.1 先行研究に関する考察

2.1.1 経済価値段階における先行研究の位置づけ

前章で、成熟社会において有効なマーケティングの概念として、製造業における経験価値とサービス業におけるおもてなし価値について、先行研究の分析を行ってきた。この2つの概念を、現在そして今後の経済価値発展のステージと関係づけて整理すると以下の**図表 2-1** となる。

図表 2-1 のように、本書の対象である製造業における「もの」製品は、経済価値段階でみると「商品」から「サービス」を大きくカバーしている。今後「経験」に向けて移行しようとしている状況であるといえる。そして次のステージとなる「経験」に向けて、先行研究で取り上げた「経験価値」の有効性が立証され始めている。そしてこの経験価値については、製造業だけではなくサービス業においても、一部の事例をもってその有効性が論じられている。

一方、サービス業におけるサービスの段階としては「商品」から「サービス」をベースに、「経験」も一部カバーし始めている状況である。もともと経済価値の進展段階としては、製造業よりサービス業の方が早く、価値提供という観

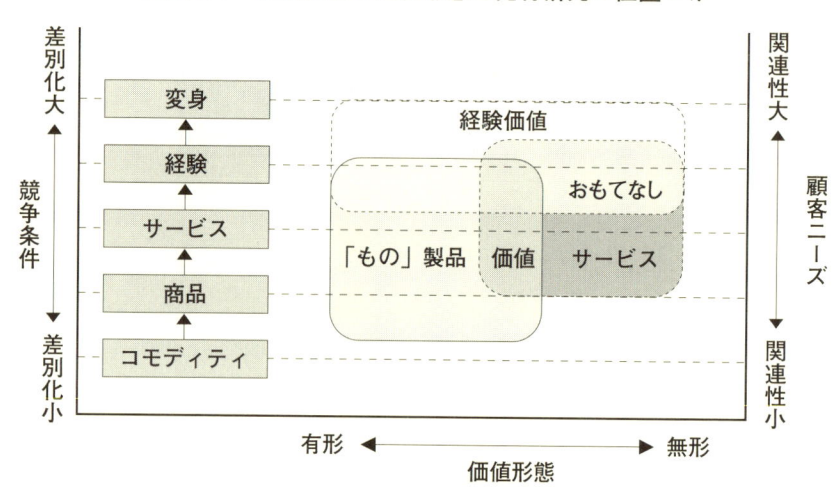

図表 2-1　経済価値の進展形態と先行研究の位置づけ

出典：B. J. パインⅡ世および J. H. ギルモア著『経験経済』を基に筆者作成

点においてはより進展している状況である。そしてサービスの「経験」段階としての価値提供で、現在最も注目を集めているのが「おもてなし」である。これは先に述べた「サービス」と「ホスピタリティ」の語源からみても、この「おもてなし」価値の出現はサービスの正当な発展段階と言える。

2.1.2　経験価値研究に関する課題

　経験価値の先行研究では、顧客の経験や感動といった量的に測りにくい価値が求められるようになってきた市場において、価値の提供を実践するには、経験価値的な商品開発のアプローチが有効であることが論じられている。

　しかし、シュミットならびに長沢研究室で研究・紹介されているさまざまな事例は、ヒット商品を経験価値の5つの戦略的経験価値モジュールに当てはめ、その商品のヒット要因と経験価値の関連性を証明するといった、後付け型の検証が中心となっている。したがって経験価値の先行研究では、本書の目的である、今後のさらなる成熟社会において製造業が顧客に提供すべき新しい価値を考えた際に、具体的にどのような価値が有効となるのかについては論じられていない。

　このような状況の中、現在サービス業においてはホテルやテーマパーク、飲食店を中心に、「おもてなし価値」の提供を実践し、企業の優位性にまで高めている事例が見られ始めている。この概念は今後のサービス業において有望とされており、ホスピタリティマーケティングとして取り扱われ、さまざまな事例が研究され紹介され始めている。

　しかし経験価値の先行研究においては、まだサービス業中心に展開されているこの「おもてなし価値」と、経験価値との関係性については具体的に論じられていない。

2.1.3　おもてなし価値の研究に関する課題

　「おもてなし価値」の提供に関する先行研究では、その対象分野がサービス業を中心としており、製造業への理論展開にまでは及んでいない。

　コトラーは著書『コトラーのホスピタリティ＆ツーリズム・マーケティン

グ』の中でホスピタリティ（おもてなし）産業の成長の位置づけについて以下のように述べている[13]。「マーケティングはそもそも、歯磨き粉や車、鉄鋼、機械といった有形財の販売活動に伴って誕生した。だが今日、世界的に目立った傾向の一つとして、サービス、すなわち有形財としての特性がほとんど、または全くない製品の成長が著しいということがある。先進国の多くではGDPの大部分をサービス業が占めている」。

このように、ホスピタリティ産業のマーケティングは、製造業とは対極にあるサービス業を前提としている。さらに同書において、「ホスピタリティ産業においてとりわけ重要な課題の一つが、ビジネスにおけるサービス面の向上、さらに言うなら、確固たるサービス文化の形成なのである」とコトラーは述べ、さらに「ホスピタリティ業界における成否は、最終的には販売能力にかかっている」としている。「おもてなし価値」の提供とサービス業の密接な関係が示されていると同時に、「おもてなし価値」の提供は、サービス業を中心とした展開を前提として考えられているのである。

また、「おもてなし価値」の提供と「経験価値」との関係について、サービスの観点からは具体的に論じられていない。ただし、比較的経験価値に近い概念をコトラーは同書の中で、次のように述べている。「製品は何も有形の物に限られるわけではない。ニーズを満たせるものならばすべて製品と呼ぶことができる。この定義をさらに拡大すれば、何かを体験することや、人、場所、組織、情報、アイデアといったもの全てを製品ということができる」。

経験価値に近い概念として、体験も製品の一部という考え方がある。そこに、今後「おもてなし価値」の提供と「経験価値」が関係を持つ可能性についてが示されているといえる。

2.2 製造業におけるおもてなし価値提供の可能性

これまで行ってきた製造業における経験価値と、サービス業におけるおもてなし価値についての先行研究の分析から、以下のような考え方が導き出せる。

①今後のさらなる成熟社会において、製造業における「経験価値」は有効な

概念である。
② 今後のさらなる成熟社会において、サービス業における「おもてなし価値」の提供は有効な概念である。
③ 製造業における「おもてなし価値」の提供については過去に論じられていないが、経験価値という概念は、製造業やサービス業といった業態の枠を超えた共通のものである。

以上の考え方により、現在サービス業を中心に展開されている「おもてなし価値」の提供を、製造業においても展開することは可能であると考える。

ポイント①　さらなる成熟社会において製造業が顧客に提供すべき新しい価値は「おもてなしによる感動」の提供である。

ただし、これまで「おもてなし価値」の提供を展開してきたサービス業については、先述の通り製造業との大きな違いがいくつかある。この違いを理解したうえで、製造業への展開方法を考えることが重要であると考える。次節では、この違いを再度確認しながら、製造業へ展開する際のポイントを整理する。

2.3　製造業におけるおもてなし価値三要素

先に述べた通り、サービス業には製造業とは違う、以下の4つの大きな特徴がある。
　①無形性
　②生産と消費の同時性
　③結果と過程の重要性
　④顧客との共同生産

以上の4項目が、現在の製造業にはない要素であり、今後「おもてなし価値」を新しい価値として顧客に提供しようとする場合に必要になる項目だと解釈す

れば、以下のような考え方が成り立つ。

①の無形性については、製造業でつくるものをすべて無形にすることは不可能であり、逆に有形であることを前提として、おもてなし価値の要素を商品そのものに取り込む必要がある。

②③④は、サービスの真髄となる要素である。また、「おもてなし価値」を提供するうえではサービス業においても最重要視している要素である。

これらの要素の特徴を集約すると、価値の提供側とそれを享受する顧客が、最終的な消費の場において価値を共有していることが分かる。今まで製造業では「ものづくり」、つまり「商品」をつくる工程に集中し、あまり重要視していなかった部分である。今後「おもてなし価値」を提供するうえでは、「もの」だけでなく、価値を共有するための「場」や、その際の「接客」という顧客との新たなコミュニケーションの要素も作ることが必要になると考えられる。

以上のように考えると、今後のさらなる成熟社会において、製造業が「おもてなし価値」を新しい価値として顧客に提供すると考えるなら、以下の要素が必要である。

> ポイント②　製造業において「おもてなし価値」提供のためには以下の3つの要素を創ることが必要となる。
> 1. おもてなしの心を込めた「商品」を創る
> 2. 顧客と初めて接する「出会いの場」を創る
> 3. 顧客に振る舞いもてなす「接客の場」を創る

以上のポイントを前提に、おもてなし価値三要素について、それぞれの意味とその重要性について考えてみることにする。

2.3.1　おもてなしの心を込めて創る「商品」

まず「おもてなしの心を込めて創る商品」であるが、サービス業においては生産と消費が同時であるため、結局接客時にすべての品質が問われ、顧客の評

価が決定する。これに対し、製造業が生産する商品は顧客に接する前に生産されることが前提となる。ここで言う「おもてなしの心を込めて創る」というのは、顧客が商品と初めて接する場と、顧客がその商品によって感動することを想像しながら、自社の持つすべての技術を注ぎ込んで作り上げることにほかならない。

このような企業と顧客との関係について、服部勝人は著書『ホスピタリティ・マネジメント入門』において次のように述べている。「ホストはゲストの期待感（願望・期待・予想・期待以上・予想外・余韻）に対して、それに応えうるホスピタリティの提供（喜び・満足・驚喜・感動・感激・感銘）が成される。これは、相互に喜びや感動をもたらす動機が、自然に発生するという相乗効果を生むことになる。そこには心づくしの技術が要求され、ホストは心技一体、つまり精神面と技能面が一体となる状態を保つ形態となる」[6]。

これは後に控える接客の場において、おもてなしの定義とされている「主客同一の精神をもって、最適な相互満足しうる対等となるにふさわしい共創的相関関係で、互いに遇すること」[14]の精神で臨むためには、自社の持つすべての技術を注ぎ込んで商品を創ることで、初めて顧客と対等な立場となり、自信を持って顧客と接することが可能になることを意味していると考える。

2.3.2 顧客が商品と初めて接する「出会いの場」

サービス業において、顧客が商品（サービス）と初めて出会う場の特徴として、生産と消費の同時性や顧客との共同生産があげられる。サービス業では顧客とサービスの提供者が同時に存在することがほとんどなのである。

それに対して製造業の場合、そこにサービス提供者が共存しているとは限らない。顧客が宣伝広告で初めて見ることもあるし、店頭で陳列してある商品を勝手に見ることもある。このように、どのような状態で初めての出会いが発生するかが不明確な中で、その場を大切に演出しようと考えると、戦略的な宣伝広告や店頭展示が大切になってくる。

これに近い話として、茶道の世界から派生したとされる「一期一会」という言葉がある。これは千利休の弟子である山上宗二が最初に使った言葉で、その

著書『山上宗二記』に記されている。要約すると以下の内容となる[15]。

> この「一期」というのは「一期の命」などと使われるごとく、「一生涯」を意味し、「一期一会」とは一生涯に一度の会という意味で、それが特に茶会を催す場合の心構え、態度などに関して多くいわれておるものである。茶会を催す場合、これが一生涯に一度の会であると観念していれば、万事に隙なく心を配り、そこに自己の最善を尽くすことになる。またこの次にやればよいなどというような心掛けでは、本当に身の入った茶事にはならない。これが済めば同じ会は一生に二度とはないとの覚悟をもって茶事を催す、それが一期一会である。

そもそも日本におけるもてなしの文化は、茶道が始まりとも言われている[16]。茶道文化から生まれたこの「一期一会」という言葉は、「出会いの場」に限らず、ものづくりから販売まですべての場面の共通概念として、おもてなしの価値を提供するうえでは貴重であると考える。

2.3.3 顧客に振る舞いもてなす「接客の場」

今まで製造業においては「もの」づくりを優先し、「もの」の良し悪しによって顧客の評価が決定すると思われがちだった。そのため、今回おもてなし価値の必要要素としてあげた、顧客が商品と初めて接する「出会いの場」や、実際に顧客に振る舞いもてなす「接客の場」への対応は、あまり重要視されていなかったと思われる。

しかし、顧客が最終的に商品を購入するかどうかということに密接な関係があるのは、実際はこの場面であるとも言われている。ニューオーリンズ大学の教授マイケル・ルボーフはその著書『お客様の心をつかむ真実の瞬間』で「顧客がモノを買わずに去っていった原因として商品に不満を感じたのは14%であったのに対し、従業員の冷淡な態度に不満を感じたのが68%と圧倒的に多かった」と述べている[17]。

さらに、顧客という一見の状態である客が、得意客、つまり反復購買する顧客に進化するような「関係づくり」に努めることの重要性も指摘されている。今後製造業においても、この「接客の場」が重要になってくるだろう。
　そもそもサービス業において、おもてなし価値を提供しているのは、ほとんどがこの接客の場である。接客の場を「舞台」として考えているサービス業にとって、一部存在するモノ商品は、舞台における小道具という感覚である。その点、製造業における商品、さらに言うならば「おもてなしの心を込めてすべての技術を注ぎ込んで創られた商品」は、小道具どころではない感動の大きな礎となる。その礎に、さらなる演出として「出会いの場」や「もてなす接客」が付加されることによって、サービス業以上のおもてなし価値の提供が可能となると考えられる。

2.4　製造業におけるおもてなし価値三要素のトータルデザイン

　最終的なおもてなし価値提供のためには、これまで述べてきた「おもてなし価値三要素」が、ただ含まれていればよいというだけではない。ものづくりから接客までの全体が一つのシナリオとして、連続性をもってトータルデザインされていることが必要である。
　つまり、おもてなし価値三要素同士の関係については、以下のことがいえる。

> **ポイント③**　おもてなし価値三要素は、一つのシナリオとして連続性をもってトータルデザインされていることが必要である。

　このポイントについては、コトラーが設定している、顧客が購買に至るまでの商品と接する段階、いわゆる「ターゲット・オーディエンス」に照らし合わせると、その正当性が見えてくる。コトラーらは著書『コトラーのホスピタリティ＆ツーリズム・マーケティング』の中で、「ターゲット・オーディエン

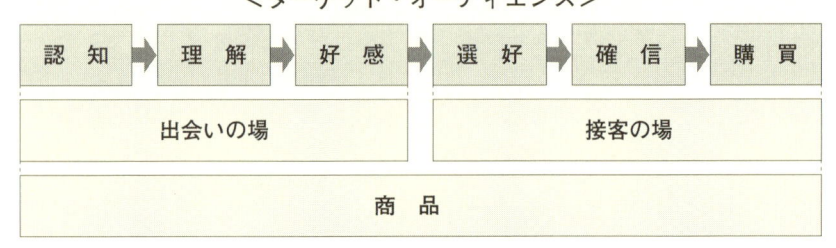

図表 2-2　購買準備段階とおもてなし価値三要素の関係

＜ターゲット・オーディエンス＞

認　知	理　解	好　感	選　好	確　信	購　買

出会いの場			接客の場		

商　品					

＜おもてなし価値三要素＞

出典：P. コトラー・J. ボーエン・J. マーキンズ著『コトラーのホスピタリティ＆ツーリズム・マーケティング』、ピアソン・エデュケーション、2003 年を基に筆者作成

スは 6 つの購買準備段階のいずれかにいる。6 つの購買準備段階とは認知・理解・好感・選好・確信・購買である」と述べている[13]。

　商品の購入に際して、顧客の意識がこの 6 つのターゲット・オーディエンスに沿って進むと仮定すると、おもてなし価値三要素「商品・出会いの場・接客の場」については、「出会いの場」にて認知・理解・好感の 3 つの段階に対応し、「接客の場」にて選好・確信・購買に対応すると考えられる。さらに「商品」については 6 つのターゲット・オーディエンスすべてに対応すると考えられる。このように、おもてなし価値三要素については、顧客の商品購入の段階で連続性を維持しながら対応していくことが重要である。**図表 2-2** は 6 つのターゲット・オーディエンスをベースにその概念を表したものである。

　それぞれの要素が個別に機能するのではなく、連続性をもって機能することの重要性について、コトラーは同書で、サービス・エンカウンターの重要性を例に次のように述べている。「サービス・エンカウンターとは、従業員と顧客が出会う場所や時のことである。ホスピタリティビジネスでは、一貫性を維持するつもりが、誤ったところに力点を置いたためにその努力が水の泡になることがある。その一例として、ある顧客がホテルにチェックインするまでに経験するサービス・エンカウンターを提示している。『電話の声』『運転手』『ベルキャプテン』『フロント』と 4 つのサービス・エンカウンターがあるが、どこか一つのサービス・エンカウンターが平均的水準を下回っただけで、顧客は

このホテル全体に悪い印象を持ち、サービス提供プロセス全体を台無しにしてしまうことの可能性を示唆している」。

これは一人の顧客に商品の情報を流した後、最終的な購入に至るまで、その顧客にどういう「経験」を用意するかを、シナリオとして準備することの重要性を意味している。先にポイントとして述べたおもてなし価値三要素が、一つのシナリオとして連続性をもってトータルデザインされていることが必要なのである。

2.5 おもてなし価値提供のためのポイントと検証方法

以上の考察より、製造業におけるおもてなし価値提供のためのポイントを以下の3点と定め、その有効性についてケースにより検証する。

ポイント①　さらなる成熟社会において製造業が顧客に提供すべき新しい価値は「おもてなしによる感動」の提供である。

ポイント②　製造業において「おもてなし価値」提供のためには以下の3つの要素を創ることが必要となる。
  1. おもてなしの心を込めた「商品」を創る
  2. 顧客と初めて接する「出会いの場」を創る
  3. 顧客に振る舞いもてなす「接客の場」を創る

ポイント③　おもてなし価値三要素は、一つのシナリオとして連続性をもってトータルデザインされていることが必要である。

以上のポイントの検証に加え、今回提案する「おもてなし価値三要素」と経験価値の5つの戦略的経験価値モジュール（SEM：Strategic Experiential Module）の「感覚的経験価値（SENSE）」「情緒的経験価値（FEEL）」「知的経

験価値（THINK）」「行動的経験価値（ACT）」「関係的経験価値（RELATE）」との関連性を分析する。

この分析により、製造業がおもてなし価値の提供を実施するにあたり、何を基準にものづくりを行えばよいのかの指針を明確にし、新しい経験価値マネジメントの構築を図る。

本章で提示した3つのポイントの検証方法として、現在製造業において、新たな価値の提案を積極的に展開しているシャープとワコールの、おもてなし価値の提供を通じて成功を収めた事例を取り上げる。

具体的な事例としては、大量店舗販売型事業の代表としてシャープの液晶テレビ「AQUOS」を取り上げる。大量店舗販売では、経験価値に基づいたおもてなし価値の提供は困難であると認識されてきた。その中で、見事にそれを実行し、世界的なヒット商品となった好事例である。

もう1点は少量接客販売型事業を代表して、ワコールの新しいラグジュアリーブランド「WACOAL DIA」を取り上げる。特に「出会いの場」や「接客の場」については、以心伝心による先読みの接客や、店舗での特別な体験を通じて、顧客に驚きや優越感の提供を実現している事例だ。おもてなし価値三要素をバランスよく確立している好事例といえる。

第3章

ケース：シャープ
液晶テレビ
「AQUOS」

3.1 液晶テレビ業界の概要

　プラズマテレビの新製品を世界同時に立ち上げて、押しも押されもしないプラズマの覇者の座についた松下電器産業に、液晶で世界を制するシャープが真っ向から立ち向かう。ブラウン管の不振で巨額の赤字に陥ったトリニトロンのソニーは、韓国サムスン電子との合併で開発したソニーパネルを搭載し、巻き返しを図る。簡単に言うと、現在の薄型テレビ業界を取り巻く環境はこのような構図となっている[18]。

　ここ数年間、液晶 vs プラズマという図式で技術革新戦争が続いていた。上記3社以外にも各社参入し「1インチ1万円を切る、切らない」とばかり、価格競争に突入していたが、ここへ来て**図表3-1**および**図表3-2**に示すように、国内市場ではほぼ3社に今後の展開は絞られ始めたといえる。

　三井住友銀行系のSMBCコンサルティングが、2005年12月5日に発表し

図表 3-1　液晶テレビシェア（2005 年）

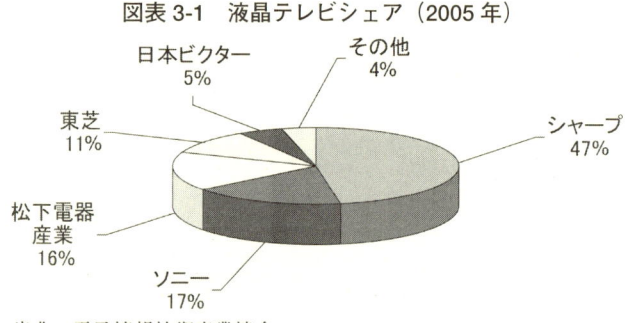

- シャープ 47%
- ソニー 17%
- 松下電器産業 16%
- 東芝 11%
- 日本ビクター 5%
- その他 4%

出典：電子情報技術産業協会

図表 3-2　プラズマテレビシェア（2005 年）

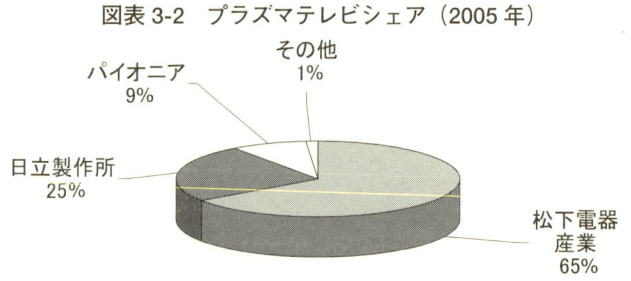

- 松下電器産業 65%
- 日立製作所 25%
- パイオニア 9%
- その他 1%

出典：電子情報技術産業協会

た 2005 年のヒット商品番付で、西の小結として「AQUOS 対 VIERA」が技能賞としてランクインしていることからも、液晶＝シャープ、プラズマ＝松下電器産業という構図は明確なものとなっている[19]。日本国内市場において、それぞれの技術をもとに、画質と価格のバランスで競争してきたこの 2 社のどちらが王者になるかは、今後開発される新しい技術を利用して、どのような新しい価値を顧客に提供できるかが大きな要因になると考えられる。

3.2　シャープとその AV 事業の概要

　1953 年に国産初のテレビを発売しておきながら、自社でブラウン管を持っていないためにシャープ株式会社のテレビシェアは 1978 年あたり 6 位であった。その悔しさを嫌というほど味わってきた町田勝彦代表取締役社長は、1998 年 6 月の社長就任と同時に、周囲の度肝を抜く宣言を繰り出した。「国内で売るすべてのテレビを 2005 年までに液晶に切り替える」。この宣言を実現するためにシャープは一丸となって走り続けてきた。その結果シャープは 2001 年に液晶テレビ「AQUOS」を発売し、国内の液晶テレビの約 40% のシェアを握るまでに飛躍した[20]。

　今回ヒアリングを実施した、シャープの AV システム事業本部長（当時）である奥田隆司取締役（以下、奥田取締役）も、AQUOS を担当する以前はブラウン管テレビの担当であった。奥田取締役はブラウン管テレビの敗因を次のように話している。

> 　私は AV システム事業本部長になる前は、ブラウン管テレビの事業を担当していましたが、せっかくいいものを作っても、なかなか価値が評価されませんでした。ブランドというものがないのは、これほど大変なものなのかっていうことを、自分なりに身に染みて感じましたね。だからブランド形成が第一、常に驚きと感動を与えるオンリーワン商品を作り続けるということが大変重要であると確信しております。（2005 年 11 月

> 8日に栃木県矢板市のシャープ株式会社AVシステム事業本部にて長沢と筆者（藤原）が行った奥田取締役へのヒアリングより。以下同じ）

　ここまでシャープが液晶テレビでシェアを拡大できた要因としては、「液晶テレビ＝AQUOS」というブランドイメージを市場に植えつけたことが大きい。AQUOSの企画開発責任者である奥田取締役がブランドにこだわり、ものづくりにこだわり、そのプロモーションにまでこだわり続けるのは、ブラウン管テレビ時代の悔しい思いが原点となっているのである。さらに奥田取締役は、町田社長の液晶宣言に対しての当時の思いを次のように話している。

> 　私は当時、ブラウン管テレビの関係の仕事をしていましたので、非常に驚きました。ただベクトルをそれに向けてやるんだという舵を切ったわけですから、皆それに向かって自分なりにアイデア出しながらやっていくしかありませんでした。（中略）しかし、何もなくてそう言っているのではなくて、シャープには液晶30年の歴史があって、さらにテレビ50年の歴史を持ってるわけです。それに向かってものを作るだけの素材はあったので、そこに向かっての明確なメッセージさえあれば必ずできると思っていました。（奥田取締役）

　図表3-3に示すように、2001年に液晶テレビ「AQUOS」を発売後、その伸びと共にシャープの業績は好調に推移している。営業利益率も1999年の4%から2005年は5%まで向上している。

　さらに部門別の売り上げを見ても、図表3-4に示すように、AQUOSが分類されているAV機器分野と、技術関連のある液晶部門が、その伸びのほとんどを牽引している。AQUOSは現在のシャープを支える中心商品となっていることが分かる[21]。AQUOSは2001年1月に発売後、約4年で累計500万台を達成している。図表3-5に示すように、100万台ごとの達成期間は最初の2年

図表3-3 シャープの売上高と営業利益の推移

出典：シャープ株式会社

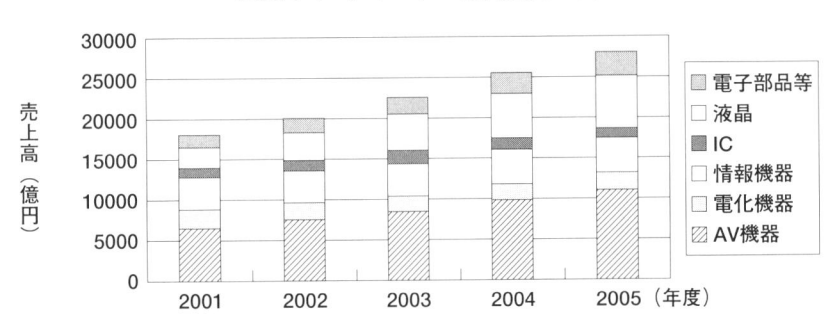

図表3-4 シャープの部門別売上高

出典：シャープ株式会社

を最長とし、その後はどんどん早くなり400万台から500万台への達成速度は3カ月と最速を記録している。そして発売以来5年5カ月の2006年5月31日に、液晶テレビとしては業界で初めて、世界累計生産台数1,000万台を達成した。

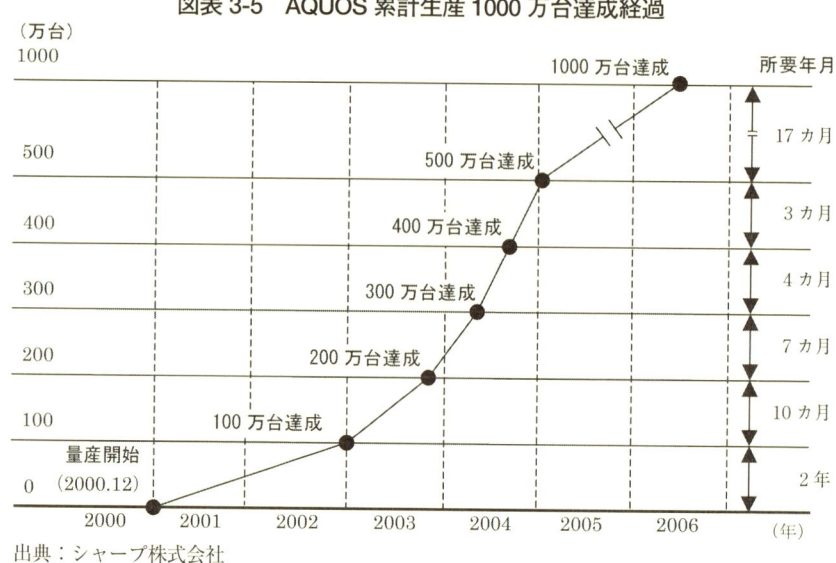

図表3-5　AQUOS累計生産1000万台達成経過

達成台数	所要年月
量産開始（2000.12）	2年
100万台達成	10カ月
200万台達成	7カ月
300万台達成	4カ月
400万台達成	3カ月
500万台達成	17カ月
1000万台達成	

出典：シャープ株式会社

3.3　経験価値の枠組みによる分析

　AQUOSを従来のマーケティングミックス4Pの考え方で分析すると、PRODUCT（製品）は高品質だが、競合他社も製造している液晶テレビである。PRICE（価格）は他社製品に比べて高めだ。PLACE（売る場所）は他社製品と同様の家電量販店などである。PROMOTION（プロモーション）は吉永小百合さんを起用して世界のデザインハウスをロケする豪華CMで、CMにお金をかけたヒット商品と短絡しやすい。これまでも、伝統的な4Pの考え方ではヒットをうまく説明できない商品でも経験価値の考え方でうまく説明できた事例が少なくなかった。そこで、バーンド.H.シュミットによる経験価値の5つのモジュールによってAQUOSの持つ価値を分類すると、図表3-6となる。以下モジュールごとにその分析を行う。

3.3.1　「SENSE」：感覚的経験価値

　「SENSE」については2つの驚きが大きな要因となっている。

figure 3-6　戦略的経験価値モジュールによる「AQUOS」の価値分類

経験価値モジュール	「AQUOS」の有する経験価値
SENSE (感覚的経験価値)	・喜多俊之デザイナーの斬新なデザインに対する驚き ・薄型大画面のリアルで美しい画像に対する驚き
FEEL (情緒的経験価値)	・吉永小百合さんのCMに対して抱く商品への安心感 ・亀山工場産に対して抱く品質への安心感
THINK (知的経験価値)	・環境に配慮された商品に対する関心
ACT (行動的経験価値)	・未来的なライフスタイルに変わる期待感
RELATE (関係的経験価値)	・購入者限定の会員HPでのコミュニケーション

　1つ目の驚きはそのデザインである。AQUOSのデザインは開発当時からすべて世界的な家具デザイナーである喜多俊之氏（以下、喜多デザイナー）に一任している。喜多デザイナーは現在もグッドデザイン賞の審査委員長を務めており、日本のデザイン界を支えている中心的人物である。喜多デザイナーによってデザインされたAQUOSは世界的なレベルで評価を受けており、2001年にはパリのポンピドゥーセンター、ミュンヘン州立近代美術館、ハンブルグ美術工芸博物館のパーマネント・コレクションに選定されている。このように斬新なデザインで液晶テレビの顔を確立させた喜多デザイナーであるが、社内デザイナーを起用せずに外部のデザイナーにデザインを依頼した経緯について、奥田取締役は次のように話している。

　　彼はイタリアのカッシーナ（家具メーカー）のデザインをしていたということは聞いていました。「これから液晶テレビというのは一つのインテリア、家具の一部みたいなもの」というふうに考えれば、今の社内の電気製品のようなデザインから、もっと家具的なイメージのデザインに変えていくのが非常に今重要だなと。商品が変わりますからね。薄型に

写真 3-1　AQUOS B シリーズ
出典：シャープ株式会社

変わるということです。だから思いきって喜多さんにお願いすることにしました。(奥田取締役)

　喜多デザイナーの家具的なデザインアプローチの概念が、うまく AQUOS の目指すイメージと一致したことが大きな成功要因である。この家具的アプローチを象徴する話を写真 3-1 の製品を示しながら奥田取締役は次のように話している。

　　液晶テレビの中で一番重要な要素はこの脚なんですね。スタンドの部分なんです。ここのデザインは大変難しくて、結局みんな悩んでいたと思うんですね。喜多さんとも話をするときに、脚で立っている姿が一番美しいのは、人間か鶴であると。そういう発想はなかなか社内の人間には生まれてこないんですよ。家具をデザインしている人だから、ああいう感覚ができたんじゃないかなと思ってます。(中略) 喜多さんはこういうこともおっしゃるんですね。「家具というのは何年間も使う。要するに、使っていて飽きない。見ていても飽きない。嚙めば嚙むほど味わいが出る」。家具って年がいけばいくほど艶が出てきて良くなりますよね。テレ

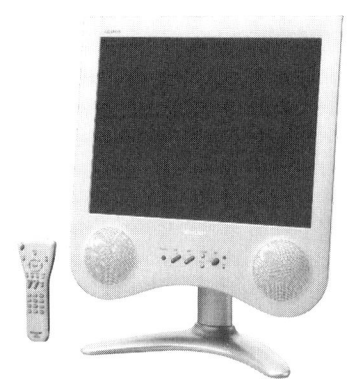

写真 3-2　AQUOS C1 シリーズ
出典：シャープ株式会社

ビも 10 年ぐらい使うのであれば、10 年飽きないデザインがいいだろうと。そこはテレビと共通した考え方があると思うのです。（奥田取締役）

　奥田取締役によると、テレビのデザインの世界はかなり保守的であり、画面まわりの額縁を少し細くしただけでも大議論に発展する傾向にあったという。そういった環境の中で、AQUOS の初代デザインは写真 3-2 のようなかなり独創性を持ったアイデアが提示され、左右のスピーカー部のふくらみが女性の胸のように見えることもあって、社内的にも賛否の議論が起こったという。当時の状況を奥田取締役は次のように話している。

　初めて市場に投入した C1 シリーズのデザインについては賛否両論ありました。こんなもの出していいのか、というような意見がありましたけども、結局あれが良かった。AQUOS の基本になったんです。そういう意味で、初代の AQUOS を一つのシンボリックなデザインとして記号化できた。それが、非常に重要なことだったと思います。（奥田取締役）

　このデザインによって「液晶テレビ＝ AQUOS」という構図が、世の中に強

く印象づけられることになった。明らかにブラウン管テレビとは違うという「登場感」の演出である。

　事実このAQUOSのデザインは、2001年の新聞広告において強烈なインパクトを発揮している。「20世紀に何を見ましたか。21世紀に何を見たいですか。」というコピーと共に、白黒テレビを覗き込んでいる少女と、このAQUOSを手に持って立っている吉永小百合さんの姿が対比された写真で広告が作られ[22]、圧倒的な新しい「登場感」効果を生んでいる。

　2つ目の驚きはその画像の美しさである。この画像の美しさを表現し、ユーザーに伝えるために奥田取締役は、オンリーワンのプロモーションビデオに強いこだわりを持っている。そのこだわりの部分を次のように話している。

　　我々は、こういうプロモーションビデオに非常にこだわって、3年ほど前から作っています。プロモーションビデオを通じて、AQUOSを店頭で知ってもらうために、ありきたりのプロモーションビデオを作るのではなく、オンリーワンのプロモーションビデオを作ってきました。(中略) 3年ほど前から私どもコンピュータグラフィックの世界で有名な原田大三郎さんと2人で話しながら、このプロモーションビデオを作っています。(中略) 彼とはデザイナーの喜多さんからの紹介で知り合いました。一流の人の目で、一流の人を紹介いただきました。(奥田取締役)

　驚くべきことに、このプロモーションビデオの製作は奥田取締役自身や開発責任者が中心となって取り組んでいる。ここでも社内のプロモーション部門のスタッフではなく、外部の一流アーチストを起用している点が興味深い。
　一見古く感じるこの方法が、実は、今後おもてなしの心を最大限顧客へ伝えていくための大きなポイントとなるのである。このプロモーションビデオの画質へのこだわりについては、その撮影エピソードを聞くとよく理解できる。

プロモーションビデオを作るときは、AQUOSの開発に携わった、技術部門や企画部門などの現場の想いを受け、新しい商品が出来るときのその商品コンセプトを頭に入れながら作ります。次に亀山第2工場が立ち上がり、大きな画面が出来る。そうしたときに、テーマは何にしよう、というようなことを社内でいろいろ議論し、さらに原田さんと話すのです。「今年はやっぱり、そうだな、映像プラス音かな」ということで実はタイトルを音色（ネイロ）にしようと。音ということになるとAQUOSのテーマである「自然」と「環境」に対してはどこがいいかな、ということをお互いに話し合うのです。すると、バイオリンで有名なあのストラディバリの活躍した町として現在知られるようになったイタリアのクレモナに思いあたりました。実はクレモナ地域の自然の中で育った木を使って作っているバイオリンが、ストラディバリの有名な楽器なのです。イタリア政府およびベネチアのガバナントに支えられて、今日もバイオリンの神様とされている彼の作った楽器が、後世にずっと伝えられている。まさにこれはAQUOSとぴったしだということで、クレモナにロケに行こうと決めたのです。我々は常に液晶テレビの最高峰を目指すということをモチーフにものづくりをしていますので、最高のハイビジョンカメラを持って映像を撮りに行きました。実は音もシャープはワンビット方式を商品化しています。ワンビットオーディオというのは、デジタルの音ですが、アナログに一番近くピュアな音を再現できるので、一番自然な音を作り上げようと現場でワンビット録音をしました。ハイビジョンカメラによる最高の映像とワンビットによる最高の音の組合せにより、まさに音色という最高のプロモーションビデオを作りあげたのです。
（奥田取締役）

　このようなプロモーションビデオを展開しているのは、発売当初シャープだけであった。AQUOS自身がその美しさを振る舞うために作られたこのプロモーションビデオは、量販店の売り場で他社商品に対し圧倒的な存在感をみせ

つけている。画質にはこだわりの強い日本の顧客に対し、この最高の技術と、最高の人材の集約によって作られたプロモーションビデオは、最終的な購入の一押しになっているのは間違いない。奥田取締役もその効果については次のように話している。

　効果の測定に関しては少し難しいですが、ただ少なくともオリジナリティのあるいいものが出来ていると思います。また、原田氏がプロモーションビデオをコンテストに出品し、映画界の照明賞を受賞したりするなど、全然違う方面からも評価されていますので、それなりに効果があるんじゃないかなと思います。実はプロモーションビデオの最初と最後に AQUOS と SHARP が大きく表示されますので宣伝になりますし、「あのプロモーションビデオだけください」「あれだけ売ってくれないか」という問い合わせが結構あるのです。あれだけ見て結構楽しんでいるというユーザーさんがいらっしゃるんですよ。（奥田取締役）

3.3.2 「FEEL」：情緒的経験価値

　「FEEL」については2つの安心感が大きな要因となっている。1つ目の安心感は、吉永小百合さんの CM に対して抱く商品への安心感と信用である。

　シャープは吉永さんというキャラクターを、戦略的にうまく使いながらAQUOS のブランドイメージを向上させている。実は、AQUOS が発売される1年前から液晶テレビ発売の前振りとして吉永さんを起用していた。CM コピーは「20世紀に、置いてゆくもの。21世紀に、持ってゆくもの」。ブラウン管テレビは置いていき、液晶テレビを持っていくものとしてシャープの戦略メッセージを発表している。2002年からは一連の世界の建築やデザインハウスと融合させたシリーズ CM が始まり、今の絵画シリーズにまで至っている。吉永さんの起用と、このシリーズ CM の重要性について奥田取締役は次のように話してくれた。

liquid晶テレビは液晶のシャープの顔。その広告はシャープの企業広告の役割。PRのキャラクターが吉永さんという考え方です。吉永さんにいろんな国へ行っていただいて、デザインに訴えるCMをわざわざ作る。それもやっぱりこだわりです。何回も何回も、同じことをシリーズで伝えることによってイメージが定着するわけですから、その繰り返しって大変重要だと思うのです。お客さんの中には、「次はシャープはどんな家を紹介してくれるのだろう」と楽しみにしている方もおられると聞いております。そういう声が聞こえるということは大変うれしいことです。(奥田取締役)

　広告の信用性については、カタログハウス代表取締役の斎藤駿氏が著書『なぜ通販で買うのですか』で次のように述べている[23]。「広告を情報に置き換えてみれば、日常の世界から政治の世界まで、情報を情報だけで信用する人よりは、情報を発する人への信用を媒介することで情報を信用する人のほうが割合としては圧倒的に多いはずだ」。
　広告に起用されている著名人は多いがこの吉永小百合さんほど、発する情報の信用性が高く顧客に植えつけられている人はいないと考える。
　2つ目の安心感は、亀山工場産に対して抱く品質への安心感である。シャープは液晶テレビの品質で圧倒的な優位性を築くために、液晶パネルの生産から、テレビ完成品までの工程を一貫して行える亀山工場を建設した（**写真3-3**）。亀山第1工場、そして2006年8月に稼動開始した第2工場をあわせれば、2006年秋時点での投資金額は3,000億円を超えている。
　他の業界も含め、日本の製造業がそろって中国をはじめとする海外に工場を移転していた中、シャープはその逆を行く品質重視の最新鋭工場を設立したのだ。亀山工場は日本のものづくりを代表する工場として話題を呼んでいる。**写真3-4**に示すような新聞広告をはじめ、実際の量販店の売り場でも、この亀山工場で製造されたものというPOPが貼られ、まるで野菜の産地ブランドのような扱いで顧客へアピールを行っている。

写真3-3　シャープ　亀山工場
出典：シャープ株式会社

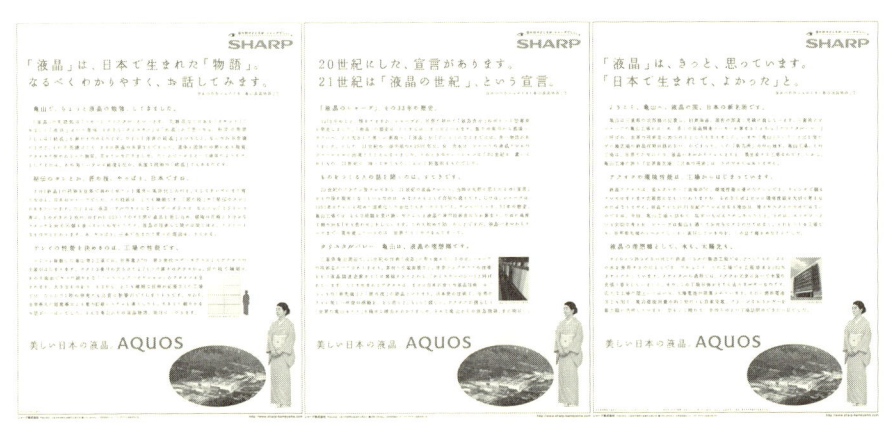

写真3-4　亀山工場の広告
出典：シャープ株式会社　ホームページ

　この工場の産地ブランド化への仕掛けにどのようにして思い至ったかについて奥田取締役は次のように話している。

この産地ブランド化のきっかけは、亀山の近くの名古屋のお店で「あれは亀山で作っているんだから亀山産と言ったらどうだ」という話が、お客さんたちがいらっしゃる中から出たのがきっかけでした。(中略) 亀山工場は日本のものづくりにこだわった工場で、シャープにとってもオンリーワンですね。環境ということにも大変こだわってます。あの工場で生産するから非常に環境に優れた商品だということをやっぱりアピールできるわけです。(奥田取締役)

　基本的に AQUOS は亀山工場と共に進化しており、この工場と商品は密接な関係にある。次の亀山第2工場が出来ると同時に、AQUOS はさらに進化を遂げることになり、シャープはそのタイミングに合わせて亀山第二神話をつくろうとしている。**写真 3-4** の通り、メーカーとして製造工場をここまで顧客に対して宣伝していくのは前例がないと思われるが、その理由はこのようなところにあるといえる。

3.3.3 「THINK」：知的経験価値

　「THINK」については、環境に配慮された商品に対する関心があげられる。今まで顧客の概念の中で、テレビを見るという行為と環境問題が結びつくことはなかった。しかし「エコロジークラスでいきましょう。シャープ。」のコピーで統一された、一連のシャープの環境広告は液晶テレビを購入し使用することが、環境に配慮した生活への参加意識につながるということを、顧客の意識の中に根づかせた。AQUOS においては梱包材の紹介から消費電力まで、すべての部材や機能が環境配慮につながっていることが訴求されている。

　シャープは 2004 年 2 月から、毎月最終日曜日に全 15 段の新聞広告を出している (**写真 3-5**)。"エコロジークラス" という造語ではあるが、言葉に難しさや安っぽさ、気負いはない。環境先進企業をめざすシャープらしいコピーである。シャープが日曜日に広告を出しているのは、家族で環境のことを話題にしてもらいたいからである。そのために子供にも理解できるようなやさしい紙面

写真 3-5　AQUOS の環境広告
出典：シャープ株式会社 ホームページ

にしているという[24]。毎回テーマを変え、継続的に出し続けることで、商品を購入する際の動機とするだけでなく、ライフスタイルとして環境問題への参加意識を継続させることができると考えられる。

3.3.4 「ACT」：行動的経験価値

　「ACT」については、自分のライフスタイルが未来的なものに変わるような期待感がある。幼い頃にテレビの SF 番組で見た、未来のモノとして壁に掛かっていた薄型のテレビが現実のものとなり、自分の家に納まってくると、そこに流れる時間の感覚や、自分のライフスタイルまでもが進化した気分になる。

　AQUOS の先進的なデザインは、これまで単なる家電製品だったテレビを、上質なインテリア・アイテムへと進化させた。それは、このテレビを置くことで、その空間をスタイリッシュに演出するという新たな価値を提供したということである。その独特なプロポーションは、和室からリビング、どんな部屋とも調和し、空間をスタイリッシュに演出するという新たな価値を提供した[25]。

　毎年春に、イタリアのミラノで開催されている世界最大級の国際家具見本市「サローネ」は、その年に発売される最新鋭の家具が一斉に発表される場と

して、世界中のインテリア関係者・デザイン関係者に注目されている。

この国際家具見本市「サローネ」で、最も有名なテレビはAQUOSである。AQUOSのデザイナーである喜多俊之氏も、個人展示のブースでは必ず展示を行っているが、注目すべきポイントは、イタリアの世界的に代表される家具メーカーが家具の展示の際に、演出の道具としてこのAQUOSを多用している点である。特に新作の家具においては、先進性のあるデザインを特徴とし、未来的ライフスタイルを提案している。そのような家具のコンセプトをより高める道具として使用されたということは、このAQUOSの持つ未来的ライフスタイルのイメージが認められたということであろう。

このようにインテリアアイテムの一つとして認められたAQUOSには、新たな需要シーンが生まれた。それは新築やリフォーム時のタイミングでテレビをブラウン管タイプから液晶に買い換えるという、情報価値に対する需要である。決して壊れたからではなく、空間にふさわしいデザインのテレビが欲しくなるから買い換えるのである[26]。

3.3.5 「RELATE」：関係的経験価値

「RELATE」については、シャープのホームページに開設されている購入者限定のサイト「オーナーズラウンジ」でのコミュニケーションがあげられる。これはAQUOSの購入者がテレビ本体の製造番号を入力することで会員として登録できる仕組みとなっている。

この「オーナーズラウンジ」ではシャープとオーナーとのコミュニケーションと、オーナー同士のコミュニケーションの2通りの交流が可能となっている。どちらにしてもこの場でのコミュニケーションを通じて、自分のAQUOSをカスタマイズしていくことができる演出がされている。

シャープとオーナーのコミュニケーションにおいては、「AQUOSオプション開発室」がある。このコーナーはAQUOSを使用するにあたって「こんなオプションがあれば」というユーザーの意見を募り、商品化していくコーナーである。これまでに埃を防止するテレビカバーや専用のリモコントレー等が実際に商品化されている。さらには「インテリアスタイル」のコーナーでは、

AQUOSの映えるインテリアスタイルを建築家が紹介するコーナー、開発スタッフによる開発秘話のコーナーなど、さまざまな演出があり常に最新情報に更新されている。

一方、オーナー同士のコミュニケーションにおいては、「AQUOSミーティングルーム」というコーナーで、周辺機器の情報や、おすすめの番組、映画、DVD、我が家のAQUOS自慢などの情報交換を行う場が設定されている。

テレビ1台に対してここまで情報共有の場が用意されている背景には、単にオーナーに対するアフターサービスという概念を超えたものがある。それは「AQUOS」自身が生活を変化させる道具として捉えられており、購入し、使用していくことによって得られる経験そのものが、AQUOSが本来、顧客に提供しようとしている価値であるという概念である。

そういう意味では、この「オーナーズラウンジ」というサイトは、商品が提供できる価値を購入された後も、宣伝していく役割を持っていることが分かる。そして、それはメーカー側の一方的な押しつけの情報ではなく、実際に使用しているオーナーたちによって形成され、継続されているということが非常に重要であると考える。それは、実使用者の生の声にはうそがないため、本当に得られる価値が情報として流れる点にある。企業による不祥事が絶えない状況の中、メーカーからの一方的な情報発信はほとんど意味を持たない。このような社会状況においてのシャープの取り組みは、顧客に対し本当の信頼を得るための有効な手法であるといえる。

3.4 おもてなし価値三要素による分析

今後のさらなる成熟社会において製造業は、「おもてなしによる感動」を新しい価値として顧客に提供することが有効であり、その際、おもてなし価値三要素として、感動の基となる「商品」、顧客が商品と初めて接する「出会いの場」、実際に触れ合い、もてなす「接客の場」の3つの要素が必要であることは先に述べた通りである。

ここではこの「おもてなし価値三要素」の分類に従って、**図表3-7**に示すよ

図表 3-7　おもてなし価値三要素による「AQUOS」の価値分類

おもてなし価値三要素	「AQUOS」の有するおもてなし価値
商品	最高の素材・人・環境による丹精込めたものづくり (素材：液晶、人：喜多俊之デザイナー、環境：亀山工場)
出会いの場	商品の「登場感」を演出するプロモーション (吉永小百合さんによるシリーズ CM)
接客の場	商品自らが売り場で最高の姿を振る舞う (プロモーションビデオ・売り場設計)

うに AQUOS の有する価値を分類し、その整合性の検証を行う。

3.4.1　商品＝最高の素材・人・環境による丹精込めたものづくり

　おもてなし商品の価値要素である「最高の素材・人・環境による丹精込めたものづくり」に AQUOS のものづくり思想をあてはめると、以下のように整理できる。

　まず「最高の素材」に関しては文句なしに「液晶」があげられる。1973 年 6 月にシャープの液晶事業の幕開けとなる世界初の液晶電卓が発売された。この液晶画面は数字を表示することしかできなかったが、その後のシャープ技術陣によるたゆまぬ努力の積み重ねが液晶技術の飛躍的な進歩を促し、最終的に AQUOS になるまで、約 27 年の歳月が費やされている。これは同時に AQUOS が、それだけの時間を掛けて開発された、液晶というシャープが提供できる最高の素材を使用していることを意味する。

　液晶は、液晶材料の配合はもとより、光学フィルム、カラーフィルターといった部材、そして製造プロセス技術などが高度に摺り合わされた、いわば職人芸の世界であり、秘伝のたれのようなものかもしれない。現在の先端技術として捉えると超工業製品的な印象が強い素材であるが、実は日本が得意とする伝統工芸的な要素も多分に含んだ素材であり、老舗ブランドが商品の鍵としている伝統技術と共通の要素があると考えられる。

　さらにこの液晶に対する技術研究は継続的に進められているが、その画質向上の研究には生理学的なアプローチや異業種とのコラボレーションなど、さ

らなるこだわりが見られる。この画質に対するこだわりは以下の奥田取締役のコメントからも垣間見ることができる。

> 僕らの液晶テレビのものづくりの基本は何か。「世界一美しい肌色が見えるテレビを作ろう」というのがその一つです。もう一つは、「世界一美しい声が聞こえるテレビを作ろう」ということです。例えばもっと美しい肌色とはどういう色なのか。そうすると、単にテレビというものづくりだけではなくて、「目ってどんな構造になっているのか」ということに研究範囲が広がっていくわけです。目の中には桿体(かんたい)と錐体(すいたい)があって、桿体は実は白黒のコントラストなんですね。錐体が色を感じるんです。色を感じるときに人間の目はすごく赤のセンサーが多いんです。だから赤をもっと強調する絵作りができるモジュールを作れば、よりきれいに見える。報道局のスタジオや映像のプロの方々とコラボレーションするとか、そんな研究や討論をやったりしてるんです。(奥田取締役)

この液晶テレビの事業を立ち上げたメンバーにはある共通点がある。それがテレビの既成概念を超えた新しいものづくりに成功した要因の一つでもあると、奥田取締役は次のように分析している。

> 実はこの液晶テレビを立ち上げたメンバーは、今までのブラウン管テレビを立ち上げてきたメンバーではないんです。どちらかというと、ブラウン管テレビの本流は歩いてきてない人です。(中略)何て言うんですかね、少し新しいものをずっとやってきた人たちが、この液晶テレビを立ち上げてる。例えばコンピュータ、昔、シャープから出ていたX68000とか、その前のX1をやってた人たち、ツインファミコンやってた人とか、ナビゲーションをやった人とか、そういうちょっと変わったメンバーですね。デジタルに少し近い人たちがこの液晶テレビを立ち上げたん

です。(中略) むしろそのほうがよかったと思う。非常にブラウン管テレビで凝り固まった人がやってると、この液晶テレビはうまくいかなかったような気がします。(奥田取締役)

いわゆるブラウン管テレビを開発してきた映像系の人に代わって、コンピュータ関連分野を立ち上げてきたデジタル系の人が開発を進めてきたことが功を奏したのである。今後、液晶技術のさらなる進化を目指すうえにおいて、彼らのバランスについて、次のように話している。

　うちの社員は意外と、音響マニアとか映像マニアって多いんですよ。僕もピアノを弾きますので、アコースティックなピアノのある音を聴くでしょ。そうしたときに、「これは駄目だ、これはもうピアノの音とは違う、変えよう」と。こういう感じの人が多いんですよね。ですからこの世界の人っていうのは、好きでやってる人結構多いですよね。この映像は何でいいのか。ぱっとこう見たときに、パソコン系の人の見方というのは、ぱっと見て「あ、これいいじゃない」と、こう言うんですけども、映像系の人は、同じ映像を30分とか1時間見るんですよ。その上で、いい、悪いなんです。その違いなんですね。そういうふうなことというのは、急に生まれるものじゃなくて、長年の中で培われたDNAみたいな世界なんですね。だからそれはずっと継承していかなければいけないと思います。ある日突然、テレビの人がいなくなっちゃって、コンピュータの人たちが全部侵食してしまうと、絵づくりとか音づくりというのはものすごく難しくなると思います。(奥田取締役)

続いて「最高の人」に関しては、一流の人と解釈ができる。それに代表されるのはAQUOSの専属デザイナーである喜多俊之氏である。液晶テレビという最新の素材をどう調理するかはデザイナーにかかっているといっても過言で

はない。そう捉えると、デザイナーは調理師に喩えることができる。

　ただ、ここでポイントとなるのは、喜多デザイナーが工業デザインの専門ではなく、家具デザイナーでもあったことである。いわば、フレンチのシェフが日本料理を作るようなものである。これは料理の世界でもしばしば見られることであるが、異分野の人が創ると、その世界では過去類を見ない、新しい感覚のものが出来るという、いわばデザインのイノベーションが起きることがある。

　AQUOSの場合は、以前から液晶テレビがあって、そのモデルチェンジとして異分野のデザイナーを起用したのではない。今まで市場になかった液晶テレビという新しいジャンルの商品を作る際に、過去のブラウン管テレビのイメージを払拭し、全く新しい顔を作るために起用したのである。そういった意味において、AQUOSの場合は、単に一流の人を起用したというだけではなく、異質な形で起用することによってデザインのイノベーションを意図的に起こした事例であるといえる。

　最後に「最高の環境」であるが、これは亀山工場といえる。液晶を秘伝のたれだとすると、亀山工場はまさに「老舗のうなぎ屋」そのものである。包丁の使い方、焼き方、火加減、そして秘伝のたれとすべてがノウハウであり、他社が同じ材料を使っても絶対に同じ味が真似できないのと同じである[25]。

　亀山工場の圧倒的な優位性は、素材の液晶から完成品のテレビまでを一貫生産しているところにある。

3.4.2　出会いの場＝商品の登場感を演出するプロモーション

　AQUOSのプロモーションは1998年の町田社長の「2005年までに、国内で生産・販売するカラーテレビをすべてブラウン管から液晶に置き換える」という宣言から始まったといえる。AQUOSはブラウン管テレビに代わる次世代テレビとして登場することが条件として決まっていた。この感覚を、奥田取締役は「登場感」という言葉で表現した。この「登場感」という言葉がAQUOSのプロモーションのコンセプトすべてを表現しているといえる。

登場感というのがものすごく必要だと思うんです。商品としての登場感、いわゆるインパクトですね。今度亀山第２工場が稼動しますが、「亀山第２工場で作ったAQUOSは、こんなAQUOSだ！」という登場感ですね。最初に作ったAQUOSは、過去のテレビとは全く違う。登場感が違うんですね。デザイン的にも全く違ったテレビになるんです。（奥田取締役）

　さらに奥田取締役はシャープのものづくり思想の基本であるオンリーワン商品の開発についても、この「登場感」が原点となっていることを次のように話している。

　次にシャープはどんなAQUOSを出してくるんだろうと、お客さんに関心を持っていただいていたと思います。新しいものが出ると、お客さんから、「非常に良かった」「満足してる」「ありがとう」と感動と感謝の言葉が返ってきます。そうすると我々も、「ありがとう」と感動に感謝することになりますよね。そうするとまた次にシャープは何をやってくるんだろう、と皆さんが期待します。だから、期待値はどんどん高くなってくると思うんです。期待値を裏切ると、またこれどーんと気運が下がりますから、常にオンリーワンのいいものを、最高のものを作り続けるということがどんなに重要か自然に分かってくるのです。開発側とお客さんの双方に満足感が生まれるようになれば最高ですね。その満足感を得るためには、ありきたりのものではなくて、オリジナルのオンリーワンでないといけないというのが原点にあると思います。（奥田取締役）

　AQUOSの場合、最もこの「登場感」に影響を及ぼしているのは、先にも述べた吉永小百合さんによるシリーズCMである。そしてこれが、顧客が経験するAQUOSとの「最初の出会いの場」となるのである。シリーズCMの一

第 I 部　製造業におけるおもてなし価値創造

写真 3-6　CM「モダン山水の庭」編

注：この庭（旧重森邸庭園、現重森三玲庭園美術館）を作庭した重森三玲（1896 ～ 1975）は、昭和の偉大な作庭家である。三玲は石を林立させるスタイルで庭に斬新なデザインを取り入れたことで知られ、代表作に東福寺の方丈庭園、龍吟庵庭園、光明院庭園などがある。この CM で重森三玲の名や庭を知り、感動して興味を持ち、庭を見学に行ったとしたら、まさに経験価値（FEEL、THINK、ACT）である。[長沢]
出典：シャープ株式会社

例を写真 3-6 に示す。

　十数秒の「最初の出会いの場」となる CM で、AQUOS に対する「驚き」と「安心感」を伝えようとしている。「驚き」の要因は、世界的な建築物の中に唐突

に置かれたAQUOSであり、世界的一流建築に負けない存在感を示している。その横にたたずむ吉永さんの異質さとバックに流れる彼女のナレーションが商品への安心感につながっている。彼女の声には疑いという概念を消し去る威力があり、すべてのメッセージに誠実感が加わる。このCMをシリーズで何度も繰り返し流すことで、AQUOSの登場感はどんどん高まっていったと考えられる。

　これまでの経験価値の分析においては、商品の希少性を優先し、広告宣伝は積極的に打たない事例が多かった。しかしAQUOSの場合は、最終的な価値実現活動の場が、量販店の売り場となり、作り手のコントロールが利かない場合がある[27]。このようなとき、広告宣伝は価値伝達活動として大きな役割を担うことになる。

　AQUOSの場合、吉永さんに作り手の想いを込め、それを伝える広告宣伝が経験価値を補った。販売員がいなくても経験価値をもとに売れるパターンを作ったのである。これは新たな経験価値マネジメントのパターンであろう。

　デザイン会社コボデザインのアドバンス・デザイン・ディレクターであるボブ・スリーヴァは著書『ブランドデザインが会社を救う！』で、AQUOSの市場評価を次のように述べている。「家電の量販店では、数あるテレビの中でシャープの液晶テレビをくださいという客が多い。（中略）コモディティ化が進んで、大変に厳しいテレビ市場でAQUOSは、ライバル会社の商品と比べても、価格は若干高いが品質は上だ」[28]。

　このように価格は若干高めでも、顧客からの指名買いを受けるのは、まさに広告宣伝が経験価値を補い、販売員がいなくても経験価値をもとに売れるパターンをつくったからである。

3.4.3　接客の場＝商品自らが売り場で最高の姿を振る舞う

　先に述べたように、AQUOSのケースは、最終的な価値実現活動の場が量販店の売り場となった。そこでは、メーカー側のコントロールが利かない。直接「接客」ができない。

　川島蓉子の著書『松下のデザイン戦略』において、現在の家電量販店の売り

場状況の実態については以下のように述べられている。「家電量販店では、販売員の説明を聞くこともあるだろう。しかしそこからは、デザイナーとエンジニアが努力して作りあげた製品のストーリーは抜け落ちてしまい、もっぱらスペックや性能の比較に終始するのである」[29]。

このような環境の中、シャープが取り組んでいるのは売り場づくりである。その事例を奥田取締役は次のように紹介している。

　プレイスではコントロールすることは大変難しいので、我々はお店が売りやすいような什器を設計して、売り上げが上がるような展示の仕方とか、あるいは販促、店頭POPのあり方などを、営業の前線を通じて家電量販店にアドバイスしていったんですね。今まで単純にインチ別に並べてたものを、もっとシリーズ別に、用途別に並べてみたらなど。（中略）例えば、売り場で他社の40インチの新製品の隣に並べるときは、37インチの両サイドスピーカーのものを、その40インチと高さと合わせた台に置くと、サイズ間の差は見えないんです。その横にシャープの45インチを置くと、40インチと45インチの差というのは、ものすごく大きく見えるんです。（中略）このように1つの成功事例があると、他のお店にも全部適応していきました。そうすると売り上げが上がります。どんどん成果が出るものですから、共感する人が大変増えてきました。営業と事業部の間でコミュニケーション会議をしながら、どうあるべきかということをいろいろと検討してやっております。（中略）常にお店の店頭を見ながら。店頭でうまく演出できなかったら、お客さんにはまず伝わらないですね。（奥田取締役）

さらに量販店の販売員に「画質が一番きれいなのはAQUOSです」と言わせ、顧客が購入に至るための、最後の一押しとなるための仕掛けが必要である。ただし彼らは各メーカーの最新機種を常に比較しながら見ているプロであり、中途半端な仕掛けでは彼らにこの一言を言わせることは不可能である。

そこでシャープが打っている策は、前述のオンリーワンのプロモーションビデオである。映像や音楽に携わる一流のプロたちと一緒に作り上げたプロモーションビデオは、売り場で圧倒的な存在感を見せている。

この登場感は、AQUOSが発売される頃から重視されていた。最初の導入時は特に開発・生産・販売が三位一体となって商品をデビューさせる必要があったため、トップマネジメントで登場感を際立たせるプロモーションを行ったのである。濱野稔重 元常務取締役本部長が先頭で指揮をとり、ブラウン管テレビにはない液晶テレビのよさを販売店やユーザーに伝える[25]。奥田取締役はその当時の状況を以下のように話してくれた。

> AQUOSを最初にお店に持って行ったとき、営業マンが「AQUOS。こんなのが出来たんですけど、どうですか？」と言っても「そんな高いものをねぇ……」。営業マンがさらに「展示をしたいんですけど……」と言っても「勝手にやっといて」という感じだったんですね。だから、自分たちでマーケットを創造しなければいけない。マーケットづくりとブランディングに向け4PプラスPを徹底して行ったんです。プロダクトとそのお店づくりのプレイスとプロモーションです。それから価格というプライス戦略。最後はものを作る人、売る人すべてに渡ってAQUOSの伝道師になるという人（パーソン）づくりやファンづくりですね。（奥田取締役）

奥田取締役とのヒアリングの中で、この「接客」のシーンにおいて、シャープとしてもう少し積極的に取り組まなければならないと感じている部分が読み取れた。今後の課題は、「技術を伝える話法」というキーワードで表現できる。

> 今、技術屋さんに言ってることは、オンリーワン技術をやさしい言葉でセールストークに使えるようにしようということです。技術の人が難

しいことをやっても、お客さんへのセールス話法として伝えられないと、いつまでたっても評価されません。分かりにくいんですよ。だから生理学的な研究をやっているのも、すべてそういうことなんです。「AQUOSの良さである映像というのは実はこういう原理のものなんです。こういう先端技術を取り込んでAQUOSをつくっているんです。だから世界最高峰なんですよ」ということをお客さんに分かりやすく表現できるようにしたいのです。そのために、難しい研究開発をやさしくユーザーの言葉で表現できるようにしていこうとしています。(奥田取締役)

　奥田取締役の取り組みは、今後の成熟社会における技術経営の大きなポイントであったと考える。この件についてシャープの太田賢司専務も『早稲田ビジネススクールレビュー』のインタビューで、以下のように述べている[30]。

　　アカデミック・マーケティングと呼んでいるのですが、なんとなく効果を感じるというものではなく、第三者機関と共同できちんと検証し、科学的なバックデータで裏付けられた商品を創ることを目標としています。(太田専務)

　この伝えることの重要性について、中西元男は著書『創る　魅せる　超える』で次のように述べている[31]。
　「企業が体力・知力としての経済資源を生かして、たとえ新製品を生み出したとしても、現代の情報化社会においては、それだけではさほどの価値は持ち得ない。どんなに良い商品でも、それがよいものであるということを一度情報に置き換え、それを望むべき受け手に伝えて、そこにものとしての価値とは別の情報価値が創生され、共有されてこそ、今日の商品といえる」。

3.5 まとめ

　以上のように、シュミットによる経験価値の5つのモジュール、ならびにおもてなし価値三要素について、AQUOSの有する価値の分析を行った。

　その結果**図表3-8**に示すように、ポイントであげた、おもてなし価値三要素は、経験価値モジュールでの「SENSE」「FEEL」「THINK」「ACT」と非常に強い関連性があることが検証された。

　おもてなし価値要素①の「商品」については、卓越したデザインと技術による丹精込めたものづくりという定義に対し、最高の素材・人・環境（素材＝液晶、人＝喜多俊之デザイナー、環境＝亀山工場）による丹精込めた究極のものづくりを実行している点で関係性が検証できた。

　特に喜多デザイナーによる先進性の高い斬新なデザインは、生活が新しく変わる期待感が表現されており、顧客の五感に直接訴えかけるものとなり、感覚的に生み出される経験価値の「SENSE」へとつながっている。

　おもてなし価値要素②の「出会いの場」については、その商品価値を最大限に高めるための特別な体験の提供という定義に対し、商品の提供価値を最大限に表現した状態で顧客と出会う「登場感」というプロモーションコンセプトを実現している点で、関係性が検証できた。その中で最も「登場感」を高めてい

図表3-8　おもてなし価値三要素と「AQUOS」の価値関係概念図

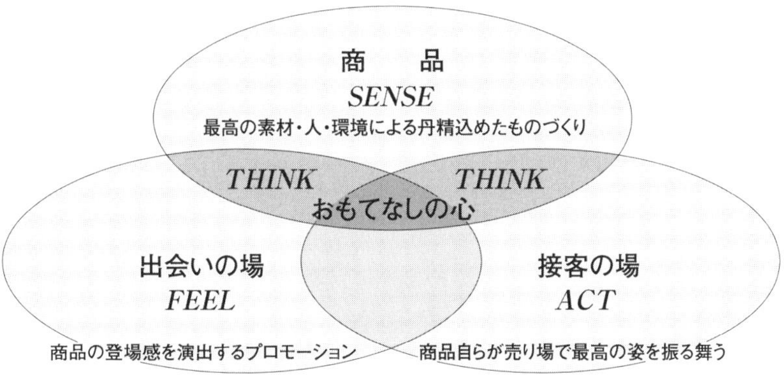

商　品
SENSE
最高の素材・人・環境による丹精込めたものづくり

THINK　　*THINK*
おもてなしの心

出会いの場　　　　　　　　接客の場
FEEL　　　　　　　　　　*ACT*

商品の登場感を演出するプロモーション　　商品自らが売り場で最高の姿を振る舞う

るのは吉永小百合さんによるシリーズ CM でありこれが顧客が最初に経験する AQUOS との「出会いの場」と考えられる。そしてそこに込められたつくり手の想いが伝わり、情緒的経験価値の「FEEL」へとつながる。

おもてなし価値要素③の「接客の場」については、以心伝心による先読みの接客で、顧客に驚きや優越感を提供するという定義に対し、先読みの心で店づくりを行い、商品を魅せる場を準備している。さらに最終的な購入への一押しとして、一流のプロ集団で製作したプロモーションビデオで顧客に驚きを提供し、店員の「画質は AQUOS が一番」という決め台詞で購入へと導く。商品とのふれあいを通じて行動的経験価値の「ACT」へとつながる。

最後に、おもてなし価値要素①の「商品」をつくる際に生まれる情報は、丹精込めてつくったことを間接的に表現するための蘊蓄(うんちく)へと変化する。他の要素である「出会いの場」や「接客の場」の、特別な体験や優越感を演出して提供するための情報として、創造的・認知的経験価値の「THINK」へとつながる。この情報は一般的に、商品の中に隠された技術的情報であることが多く、奥田取締役が今後の課題としていた技術者によるセールスのための話法で表現しやすい技術開発の重要性についても確認できた。

第4章

ケース：**ワコール ラグジュアリー ブランド「WACOAL DIA」**

4.1　インナーウェア業界の概要

　1992年に株式会社ワコールから「グッドアップブラ」が発売されてから、一見技術とは無関係に見えるインナーウェア市場に、技術革新による新しい価値の提案が起こっている。

　まず一つ目の波は、この「グッドアップブラ」に代表される、胸を寄せて上げるといった体型を補正するという機能的価値を付加した商品である。3年間で780万枚を売り上げた「グッドアップブラ」に続いて他社からも同様の商品が相次いで発売された。その後2002年には「シャキッとブラ」を発売し、ワコールは「造型性」というテーマで次々とヒット商品を開発してきた。なお、「シャキッとブラ」の開発については、長沢伸也編著『生きた技術経営MOT』に詳しい[32]。

　その流れに訪れたもう一つの波は、2003年に発売されたシリコン素材によって作られ、インナーウェアの概念を変えた「ヌーブラ」である。クチコミによってあっという間に広まり、締めつけずに着せるだけという独自の装着感が話題となった。

　それに続いてトリンプ・インターナショナル・ジャパン（以下、トリンプ）がヌーブラ同様シリコン素材によって作られたブラジャー「スキン・ブラ」を発売した。もともとこの商品は、シリコン製の医療製品を手がけるアイルランドのトゥルー・ライフ社が開発した商品であったが、複数社の争奪戦の結果トリンプが日本における独占的な販売契約を獲得した。トリンプによると、この商品は年配の女性からの問い合わせが多いのが特徴だという。

　ヌーブラがヒットした背景は、肌を露出する服装に適しているという理由が一般的に言われているが、同時に締めつけ感がないため着けていて楽という理由で購入した人が意外に多い。この点が若い女性だけでなく年配の女性にも受け入れられた要因となっている。これらの商品の発売によって、顧客の意識にも変化が現れた。

　トリンプは毎年下着に関する意識調査を実施しているが、2003年の調査ではその意識に大きな変化が生じた。今まで一番人気であったボリュームアップ

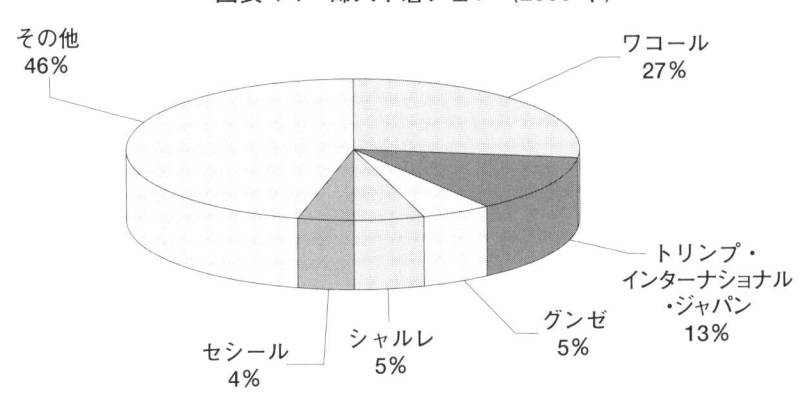

図表 4-1　婦人下着シェア (2005 年)

- その他 46％
- ワコール 27％
- トリンプ・インターナショナル・ジャパン 13％
- グンゼ 5％
- シャルレ 5％
- セシール 4％

出典：『日経 市場占有率 2007 年度版』、日本経済新聞社、2006 年、p.157

効果のある下着が、2位のナチュラルさを重視したソフトタイプの下着に抜かれたのである[33]。

このように各メーカーは、機能や素材の進化によって下着に対する新しい価値観を提案し続けている。2005年の婦人下着のシェアを見ると**図表4-1**に示すようにワコールが27％で1位、トリンプは13％で2位であった[34]。その一方では百貨店での集客イベントとしてバーゲンを実施したり、ユニクロのようなカジュアルファッションメーカーが下着専門店を展開した。新しい価値を提案できない商品はどんどん価格競争に巻き込まれてしまう。いわゆる「コモディティ化」する市場構造は、他の業界とも同様のものである。このような市場環境の中、価格や機能だけではない新しい価値の提案が共通の課題であるといえる。

4.2　ワコール ラグジュアリーブランド「WACOAL DIA」の概要

WACOAL DIA はワコールが開発した新しい自社ブランドである。その概要を、ワコールが2004年1月19日に発表したリリースをもとにまとめた。

まず発表の前文は次の通りである。

株式会社ワコールは、高付加価値ラグジュアリーブランド『WACOAL DIA（ワコール ディア）』を開発。2月7日（土）東京銀座7丁目に開店する同名の直営店で販売を開始します。

　『WACOAL DIA』は、「新しい下着文化の創造」をテーマに、ワコールの考える"最高の人間科学・技術・アート、そして最高のおもてなし"を組み込みました。いわばワコールの持つ"良質をパッケージング"したブランドで、世界にむけての夢を発信していくものです。（ワコールプレスリリース）

ラグジュアリー（luxury）とは英語で「ぜいたくな」「豪華な」という意味である。商品のデザインをすべて任されることになったデザイナーであり、このブランドのトータルクリエーターである神尾敦子氏（以下、神尾デザイナー）はWACOAL DIAのデザインの考え方を次のように述べている。

　消費者ニーズに合わせ、喜ばれる商品を作り続けてきた日本市場、その発展と急成長は誰もが知るところです。ワコールにとって、そして物作りする我々もお客さまの求める商品を大事な柱として考え続けています。

　しかし、お客さまに満足いただく物は時代と共に、モノの物理的価値から、精神的な満足や抜き出たモード感覚へと広がって行きます。（中略）それ（『WACOAL DIA』）は突き抜けた美の感性を極めて行くブランドです。

　永遠に変化しない美と変化させる美を上手に選びながら、女性は今さらなる美しさを求めて一直線に走っています。大きな刺激や変化を求め、感動に飢えています。

　具体的な形、色や機能に留まらず、それを着けた空気そのものが憧れのファッションであり、その女性に似合っていること。（中略）

　新しいモードあふれるラグジュアリーブランド『WACOAL DIA』は女

性の夢を実現させるブランドです。(ワコール　プレスリリース)

　価格や機能だけではない新しい価値の提案としてワコールは、最高のおもてなしによる感動を提供するために、最高の自社技術を集約した新ブランドを作ったのである。銀座並木通りに限定されたおもてなし空間には、もてなすための演出が施されている。
　ワコール発表のリリースによると、そのおもてなし空間とは次の通りである。

　①地下１階に予約のできる、おおきなフィッティングルームが２部屋あります。プライバシーを尊重した控え室付きの部屋で、予約をいただいたお客様には、専門のアドバイザーがついて、商品の選択から試着・採寸・購入までしていただけます。アドバイザーは、いわばコンシェルジュです。
　②ショップのアドバイザーは、プレステージなお客様の要望に沿えるよう、また失礼なくここちよい「おもてなし」ができるよう、直接の販売技術だけでなく、会話・立ち振舞い・和の礼儀作法・テーブルセッティング・ハウスキーピングなどのマナー講座を受講しています。
　③ショップ内に「DAA」という消臭機能とオリジナル芳香機能をもった機器を５台設置しました。(ワコール　プレスリリース)

　以上の説明のとおり、「もの」の物理的価値から精神的な満足や抜きん出たモード感覚に対応するために、最高のおもてなしを提案することがワコールの決めた次なる展開である。
　新たなブランド展開に至った背景と目的について改めて、WACOAL DIAのブランドマネジャー（ワコールブランド事業本部インナーウェア商品統括部ディア営業課マネージャー）である鈴木淳氏（以下、鈴木マネジャー）にヒア

リングを行った。鈴木マネジャーは次のように述べている。そこには、ワコールブランドそのものに対する危機感も感じられた。

> ワコールはどちらかというと、物的な部分で非常に優位性を持っていて、高いシェアを持っていますから、他社にないものであるとか、新しいもの、出してさえいればマーケットで勝ってきた企業だったんですね。しかし今、物的な差別化というのは非常に難しくなってきている。決して新規の開発を怠ってはいないですけれども、なかなか物だけの側面では、お客さまに売れなくなってきている。(中略)うちの社長がよく、要はワコールというビジネスは一人のお客さま、女性のお客さまの生の心の動きで成り立っているんだ、と言うんですが、マス的に一つの品目を大量に作って、大量に広告して、大量にさばくということが、なかなか成功事例にならなくなってきています。今のワコールブランドは安くはないと思いますが、大衆ブランドというイメージになりつつあります。(中略)私がこのブランドの命を受けたとき、言わば価格の付けられないサービスの満足度の提供をすることによって、他社が追いつけない独自のものを作りたいと思いました。(2005年9月5日に株式会社ワコールのWACOAL DIA銀座ショップ(東京都中央区)にて、長沢と筆者(藤原)を含む長沢ゼミ生が行った鈴木マネジャーへのヒアリングおよびショップ見学を基に分析したものである。以下同じ)

4.3 経験価値の枠組みによる分析

WACOAL DIAを従来のマーケティングミックス4Pの考え方で分析すると、PRODUCTはオートクチュールデザイナー神尾敦子氏による卓越したデザインと刺繍など最高技術による縫製の婦人下着である。PRICEは婦人下着としては非常に高価(ブラジャーで13,000～30,000円強、ショーツで4,200～15,000円弱)、PLACEは銀座の直営1店舗のみ(ヒアリング当時)、

PROMOTION は「ほとんど宣伝しない」ということになり、典型的なマス・マーケティングの逆を行っている。これまでも、伝統的な 4P の考え方では熱烈なファンを生む理由をうまく説明できない商品やブランドでも、経験価値の考え方でうまく説明できた事例は少なくなかった。そこで、バーンド.H.シュミットによる経験価値の 5 つのモジュールによって WACOAL DIA の持つ価値を分類すると図表 4-2 のようになる。以下、モジュールごとにその分析を行う。

4.3.1 「SENSE」：感覚的経験価値

「SENSE」については、写真 4-1 に示すようにラグジュアリー感を極めたランジェリーデザインと、写真 4-2 に示すようにそのランジェリーを宝石のように魅せるブティック型ディスプレイがあげられる。まずは商品デザインであるが、オートクチュールデザイナーである神尾敦子氏によって、従来の下着の枠を超えた全く新しいデザイン性が提案されている。そのデザイン性と品ぞろえには来店者の期待と想像を超えた存在感がある。

服飾のデザインについては、他の工業製品とは異なり一人のデザイナーの感性で決まる部分が非常に多い。他の高級ブランドと同様に、この WACOAL DIA についても、ブランドすべてを一人のデザイナー神尾敦子氏に任せているため、彼女の感性が事業を左右する状態にあるといえる。デザイナーの選定と、役割分担について鈴木マネジャーは次のように述べている。

> 新しい感覚を生み出す WACOAL DIA ということで、「アウターもできてインナーをよく知っている、この人だ」とお願いをした経緯があります。（中略）彼女はオートクチュールの経験があります。だから、今まで見たこともないような感覚のものを生み出せるのです。デザイン的な部分には、基本的に口出ししないようにしています。（中略）私みたいな男性が感覚的なことを議論し出すと、もうぐちゃぐちゃになってしまうので、そこは任せているのです。神尾さんが作りたい世界を、僕がビジネ

図表 4-2　戦略的経験価値モジュールによる「WACOAL DIA」の価値分類

経験価値モジュール	「WACOAL DIA」の有する経験価値
SENSE （感覚的経験価値）	・ラグジュアリー感を極めたランジェリーデザイン ・下着を宝石のように魅せるブティック型ディスプレイ
FEEL （情緒的経験価値）	・自然な着心地でありながら確実にフィットする新しい着心地感 （人間科学研究所の体型データ分析による基礎フィッティング力）
THINK （知的経験価値）	・クロスコーディネートによる新しい下着の創造的組み合わせ ・職人技術を駆使した繊細なレース加工
ACT （行動的経験価値）	・予約制スイートフィッティングルームでの試着 ・ディア・コンシェルジュによるおもてなしフィッティング
RELATE （関係的経験価値）	・上位顧客の新作発表コレクションへの招待 ・銀座並木通りにあることによって生まれるブランド感のつながり

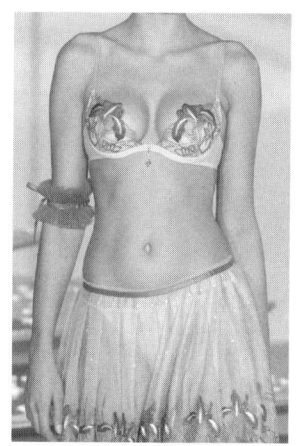

写真 4-1　WACOAL DIA のランジェリー

写真提供：株式会社ワコール

スにする。原価計算なども私の責任です。縫製、材料、インフラなどを詰めていく役割は私の分担なのです。（鈴木マネジャー）

このように、鈴木マネジャーはデザイナーの創造性を重視し、その創造性を商品性として引き出すマネジメントを行っている。

写真 4-2　店舗ディスプレイ

写真提供：株式会社ワコール

実際の購入体験者の声として、「今まで見たことがないデザインのものがたくさんあって驚いた」というコメントが出ている。ここへ来ると他店では見られない新しく、センスのいいデザインのものがそろっている。それは、そのディスプレイ効果もあり入店してすぐに感じ取ることができる。
　次に下着を宝石のように魅せるブティック型ディスプレイであるが、これは今述べたように、神尾デザイナーのラグジュアリー感を極めたランジェリーデザインを、いかに美しく魅せるかを考えたものである。
　基本的には、写真4-2に示したように下着を一点一点、宝石や貴金属のようにガラスのショーケースに展示しているのが特徴である。下からライトアップされた下着は宝石のように輝いて見える。下の引き出しの中には他のバリエーションや各サイズがストックされている。一見引き出しだと分からないディスプレイ台が開き、中から数十点の下着が登場する驚きの効果も大きい。このような展示をされた下着を、ショーケースを覗き込みながら選ぶ女性の姿は、まるで宝石を選んでいるように見える。

4.3.2　「FEEL」：情緒的経験価値

　「FEEL」については、自然な着心地でありながら確実にフィットする新しい着心地感があげられる。着心地感という一見感性的な部分であるが、これには感性だけではない、ワコール人間科学研究所の膨大な体型データ分析による基礎フィッティング力が大きく関わっている[32]。ワコールの優位性にまで高めているこの着心地感について、そのこだわりを鈴木マネジャーは次のように述べている。

　　お客さまが着けてみて「さすがワコールね」と言っていただけるフィッティングの根本は、人間科学研究所が蓄積しているデータと、スタッフによるフィッティング力にあるんです。
　　これはルージュというブラジャーなんですけれど、僕も初めてこんなブラジャーを商品化しました。カップ面積が、本当に下で支えているぐ

らいしかなくて、レースがちょっとかぶっているだけで、バストのボリュームをこぼしていくようなものです。こういうものは、本当に今までも見たことがないようなブラジャーなんですよ。ただデザインが良いだけで、着け心地が悪いというものでない。「着けてすごくしっくりくるし、フィッティングもいい」、と言っていただけると、ワコールの持つ基礎的なフィッティング力というのは愛されているんだなということを非常に感じますね。（鈴木マネジャー）

さらに現在の下着業界では常識である、胸を寄せて上げるといった体型を補正する機能に対しても、WACOAL DIA の場合は少し違うアプローチでものづくりを行っている。

　通常のブラジャーでいうと、カップが大きくなると支えきれなくなります。当然寄せたり上げたりという機能を持っていますから、ストラップが太くなっていくんですよ。それに対して、WACOAL DIA は本当に細いもののまま、大きいサイズに対応していきます。特に寄せたり上げたりということは、DIA の場合は必要ないからです。ですから DIA のブラジャーの大きな特徴は、割とブラジャーを出すというとおかしいんですけれども、より小さいカップ面積でバストボリュームをあふれさせるという考えです。女性の胸のラインにできるボリューム、谷間、Xライン、デコルテ（首から胸元にかけて）の部分が残る。ここが美しさの象徴になるようなイメージでものづくりをしています。（鈴木マネジャー）

実際の購入体験時に、担当のコンシェルジュから聞いた話によると、WACOAL DIA の下着は 30 時間着けていても疲れない着心地がテーマとなっている。仕事や旅行で海外に行くときの長時間下着を着け続けたシーンを想定しているとのことであった。30 〜 40 代の女性有職者を対象とした、

WACOAL DIA の顧客層を特に意識したコンセプトである。

実際の購入体験者からも「このような自然な着心地は初めての感覚。締めつけ感はないけど自然な形で締めるところは締めている。肌触りもやさしい感じがする」というコメントが出ており、感性に対して科学的に裏づけされた技術がきちんと対応していることが証明されている。

4.3.3 「THINK」：知的経験価値

「THINK」については、クロスコーディネートという新しい概念を創り、従来にない創造的な下着の組み合わせを提案している点があげられる。この場合のクロスとはクラシックとモダン、美意識と機能、インナーとアウターといった異質なものがクロスすることを指している。これによって顧客には下着に対する新しい概念が生まれる。ファッションの一部として魅せる下着として捉え、新たな着こなしの術を身に着けていく創造性が発揮される。

このクロスコーディネートという新しい下着の概念をいかにお客様に伝えるかがポイントになると鈴木マネジャーは話している。それを実現するためにクロスコーディネートされたトルソ（マネキン）を多く展示し、新しい着こなしのスタイルを視覚的に紹介している。この展示に関するポイントを鈴木マネジャーは次のように述べている。

> 非常に特徴的なのはトルソの数です。WACOAL DIA の新しいコンセプトとして、クロスコーディネートがあります。通常だと、赤いブラジャーに赤いショーツ、赤いスリップみたいな組み合わせなんですけれども、ここはすべてのグループがクロスでコーディネートされていくのが、非常に大きな特徴になっています。お客さまは、まずはブラジャー、ショーツという観点から入ってくる。どうしても必要なものを、という気持ちが強いんですね。だから、そういう先入観を持っていただかないために、見たときにアウター的にクロスでコーディネートしたものを、圧倒的にお見せすることをとても大切にしています。（鈴木マネジャー）

もう一点の「THINK」には、職人技術を駆使した繊細なレース加工があげられる。特に WACOAL DIA の場合、チュールレースという通常アウターに使用する特殊なレースを下着用として独自に展開している。このチュールレースは下着素材の中ではかなり繊細なもので通常より細い糸で縫製されている。その結果、作れる人も職人レベルの人に限定される。その実態についても鈴木マネジャーは次のように述べている。

隔離した部屋で別個に作っていますね。ですから流れ作業では作れないのです。一人の人がほとんど仕上げていくようなやり方を取っていますので作れる人は熟練、ベテランの方に限られます。(鈴木マネジャー)

4.3.4 「ACT」：行動的経験価値

「ACT」についてはこのブランド最大の特徴である、予約制スイートフィッティングルームでの試着と、そこでのおもてなしであるディア・コンシェルジュによるフィッティングの2点があげられる。

コンシェルジュによるおもてなし販売について、実際に家内に同伴して目撃、体験したフィッティングルームでのおもてなし販売の様子を交えながら、このフィッティングルームが「竜宮城」と呼ばれる理由を探ってみることにする。

1階の店舗からコンシェルジュに「行ってらっしゃいませ」と声を掛けられて、階段で地下に降りると、そこはすでに異空間の香りがする。フィッティングルームのインテリアテイストは、シックなブラック基調の部屋と、シンプルなホワイト基調の2部屋用意されている。少なくとも2回は訪れ、両方のインテリアテイストを味わってみたいと思わせる。

フィッティングルームに入ると、まず部屋の大きさと鏡の大きさに驚く。部屋の大きさは、ヒアリングに同行した学生が「銀座なのに自分のワンルームマンションより広い」と驚愕したくらいである。この大きさの理由を鈴木マネジャーは次のように話していた。

> WACOAL DIA ではドレスアイテムがあります。ドレスみたいなものを着て、とにかく女性に楽しんでいただく。ドレスを着て身体を回転させようとすると、従来の広さでは回れないし、裾がぶつかります。(中略)通常のフィッティングルームでは身体の前面しか映りません。しかし、ここでは全身を映すことができます。(中略)これはお客さまにとって、特別な経験となります。自分の体をこれだけの鏡で見ることは結構ないものなんです。(中略)あと、うちのコンシェルジュがお手伝いをしますので、「お姫様気分」という表現をされる方もいらっしゃいます。(鈴木マネジャー)

付き添いの男性も、フィッティングを行う女性に付いて一緒にこのフィッティングルームに入ることがあるが、それを想定してスペースは十分広く取られている。付き添い者用の椅子やゴルフ雑誌・男性向ファッション雑誌なども置いてある。鈴木マネジャーによると、実際の男性同伴率は約15％あり、リピートを考えるとこの付き添いの男性にもおもてなしの接客が必要だという。その理由として次のように述べている。

> コンシェルジュは当然ながら男性の方にも女性と同様気を使っています。その方が行きたくないと思うと、どうしてもそういう購買のスタイルだと足が遠のいてしまいます。ご主人も来たいと言っていただかないと。ですからお座りになった方には、雑誌を読めるようにするなど、飽きないように応対させていただいています。恥ずかしがる方や外でたばこを吸っておられる方もいらっしゃいますね。とにかく、なるべくお2人で本当にこの WACOAL DIA を楽しんでいただける空間をつくるという考えでいます。(鈴木マネジャー)

続いてディア・コンシェルジュによるおもてなしフィッティングについて

具体的な流れに即して見てみることにしよう。

客は前もってコンシェルジュの予約をする。

> お客さまが、例えば「明日の1時から行くわ」とおっしゃると、そのお客さまのカルテとお勧めしたい商品のサイズを用意して、担当のコンシェルジュがフィッティングルームを空けて待っています。最大で2時間、コンシェルジュと、ここでフィッティングをされるので、購入に至る満足感というのはとても高いと皆さんにおっしゃっていただいています。(鈴木マネジャー)

基本となるおもてなしの心構えには、大きく3つのポイントがあった。

1つ目は「提供したい価値をしっかり伝える」こと。これについて鈴木マネジャーは次のように話している。

> まずは最初のお客さまには WACOAL DIA というブランドがどんなことを伝えたいのか、どんなブランドであるかということを、きちっと目を見て説明しなさいと教えています。その入り口を間違うと、どうしても最初にブラジャー、ショーツみたいな従来の買い方をされてしまいます。インナーというと実用品というイメージが強いですが、最初にコーディネート的な買い方をされると、こういうブランドなんだということで、今後の楽しみ方も広がります。(鈴木マネジャー)

2つ目は「先読みの心でお客さまにストレスを与えない」点。これについて鈴木マネジャーは以下のように話した。

> あとはお客さまに、とにかくストレスのないようにします。とにかく

ストレスなくお客さまをお帰しすることがテーマになります。個々のコンシェルジュがお客さまのことをどう考えて動くのかというのは、本当にマニュアルにしにくい部分です。

お客さまが何に不満を持ち、何に満足されるのかを、お客さまが言わなくても分かるようにしなければなりません。お客さまが口に出されたときには、もう要望というよりも半分不満になっていますから。(鈴木マネジャー)

3つ目は「個への対応で尽くす」という点である。鈴木マネジャーの見解はこうだ。

非常にコンシェルジュたちには難しいことを言っているんですけれども、そうしないと画一的なサービスになってしまうのです。個々に対応すると決めた以上、個々の満足度、物差しはそれぞれ違いますので、そこに我々が合わせていくということが大前提になります。(鈴木マネジャー)

4.3.5 「RELATE」：関係的経験価値

「RELATE」にはまず上位顧客の新作発表コレクションへの招待があげられる。毎年2回新製品の発表会をコレクションという形で行い、そこへ上位顧客を招待している。昨年春も約40組の顧客を招待した。各顧客は自分の友人等を誘いコレクションに参加しているが、これも自分のWACOAL DIAとの結びつきを友人に自慢し、そこからのクチコミによってその輪が広がっていくことになる。招待された顧客は、自分のためにコレクションを開催してくれているという感覚になるため、実際に発売されるとその中からまた新作を購入するのである。

さらなる「RELATE」としては、銀座並木通りにあることによって生まれ

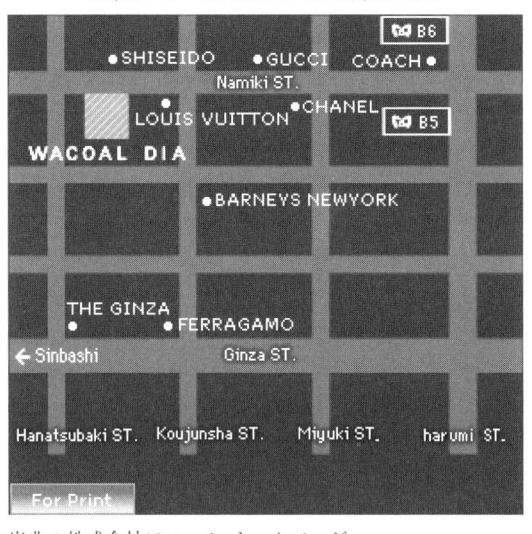

図表 4-3　WACOAL DIA 店舗地図

出典：株式会社ワコール ホームページ

るブランド感のつながりがあげられる。**図表 4-3 を見ても分かるように、銀座並木通りはシャネル、ルイ・ヴィトン、グッチなど世界有数の高級ブランドが並ぶ通りである。その通りの終点近くに位置するのが WACOAL DIA である。**晴海通り側から入れば、このようなブランドを通り過ぎる間（買い物も含め）に、高級ブランドを購入する客層というカテゴリーに自分の身を置き、店に入ることになる。並木通りにはそういう経験価値を感じさせる力が秘められている。

4.4　おもてなし価値三要素による分析

ここではこの「おもてなし価値三要素」の分類に従って、**図表 4-4 に示すように WACOAL DIA の有する価値を分類し、その整合性の検証を行う。**

4.4.1　商品＝卓越したデザインと技術による丹精込めたものづくり

神尾デザイナーによるラグジュアリー感漂う斬新なデザインを、熟練した

図表 4-4　おもてなし価値三要素による「WACOAL DIA」の価値分類

おもてなし価値三要素	「WACOAL DIA」の有するおもてなし価値
商品	卓越したデザインと技術による丹精込めたものづくり (デザイナー：神尾敦子氏、職人による手作業)
出会いの場	商品と出会う場で特別な体験を提供 (スイートフィッティングルームでの試着)
接客の場	先読みの接客で驚きと優越感を提供 (コンシェルジュによるおもてなしフィッティング)

職人の手作業によって一品一品作り上げるという、まさに伝統工芸品のような丹精込めたものづくりである。卓越したデザインを支えているのは、ワコールの持つ縫製技術である。例を**写真 4-3** に示す。神尾デザイナーが創りだす繊細なデザインイメージを忠実に表現するため、通常よりも細い糸が使われる。今までの縫製設備が使えないため、専用のミシンを開発し対応している。大半を

写真 4-3　職人による刺繍
写真提供：株式会社ワコール

占める手作業の部分については、ワコールの中でも熟練者でないと WACOAL DIA の縫製は困難であるという。このようなものづくりへのこだわりについて鈴木マネジャーは次のように話している。

> WACOAL DIA では通常の糸より細いものを使っています。太い糸だと、伸ばして縫っていった後に少し縮んでしまうからです。そうするとデザイナーがイメージしたものと、出来合いが微妙に違っていたり、裾のドレープ感が思ったように出ないということが起こってしまいます。非常に細部にこだわりを持ってやっていますので、ミシンも DIA 用に、調整しています。通常の製品ですと、生産ラインで流していくのですが、それだけ細いものだと、切れてしまうことがあるんですよ。だから通常はそれに耐えうる太さの糸で量産するのですが、DIA の商品は、仕上がったときの繊細さを大切にしたいので、手間を惜しまず、細い糸を使っているのが一つの大きな特徴です。(鈴木マネジャー)

顧客に感動を提供しようという気持ちから生まれた卓越したデザインは、卓越した技術によって商品となって誕生する。これは、デザイナーも技術者(職人)も、最終的な目的を顧客に感動を提供するというところに置いているからこそ成せる技である。どちらかが欠けても実現できない、このプロ魂がWACOAL DIA のブランド力の根源となっている。

4.4.2　出会いの場＝商品と出会う場で特別な体験を提供

WACOAL DIA ブランド最大の特徴が、予約制スイートフィッティングルームでの試着である。筆者自身がこのフィッティングに同伴した経験をもとに、ここでの体験を特別なものとしている要素として (1) 異空間としての演出、(2) 圧倒的な広さ、(3) 時間の流れの3点をあげ、それぞれの要素について分析を行う。

写真 4-4　店舗地下への階段
出典：株式会社ワコール ホームページ

(1) 異空間としての演出

　1階の店舗からこのフィッティングルームに行く際には、**写真 4-4** に示すように階段を降りて地下に向かう。その際、コンシェルジュは「行ってらっしゃいませ」と声を掛ける。その声を受けながら地下に降りると、そこは雑多な都会とはかけ離れた、静寂な異空間として目に映る。同フロアでなく地下へ降りることと、「行ってらっしゃいませ」という言葉が非日常への一歩として効果的に機能している。女性にとって下着の試着というのは、そもそも特別なものであり不安要素が洋服以上に大きいものである。このような異空間感覚が、結果的に安心感へとつながっている。

(2) 圧倒的な広さ

　銀座の並木通りに店を構える他の世界的高級ブランドと比較しても、ここまで広くて贅沢なフィッティングルームはないと思われる。少なくともここまで広いフィッティングルームで試着経験のある人はほとんどいないであろう。ということは、確実にこの瞬間に記憶に残る経験を1つは提供できるということである。先述の鈴木マネジャーのコメントにあったように、ドレスアイテムを着て回るときにぶつからないようにというシーンを想定している。ウェディングドレスの試着に近い感覚かもしれない。一生に一度と思っていた感覚が蘇る瞬間である。体験者が「お姫様感」と表現する理由はこんなところにあるの

かもしれない。

(3) 時間の流れ

　基本的に完全予約制であり、時間を気にする必要がないことが前提となっている。平均1時間半くらいかけて試着をするという。それは通常の洋服以上であり、このような経験もあまりないと考えられる。途中、ミネラルウォーターの差し入れがある。また、雑誌を見ながら考えたりと、ゆっくり納得いくまで、時間を忘れて選ぶこともできる。高級ブランドのフィッティングルームには、時間を忘れてもらうという演出で時計を置かないことが多いが、「WACOAL DIAの場合は本当に時間を忘れてしまうので気をつけてください」という、おもてなしの心で時計を置いているのである。

4.4.3　接客の場＝先読みの接客で驚きと優越感を提供

　今回取材として家内に同伴した一連の購入体験を通じ、最も印象に残ったのはコンシェルジュの接客技術である。

　フィッティングルームに持ち込まれる商品すべてが、家内によくフィットし、しかも家内の好みのデザインのものばかりだった。店内に入り10分くらいの応答のあと、フィッティングが始まったが、その応談の際にサイズや好みの話をそれほど詳しくしたわけではなかった。

　この出来事について、店を去る間際に担当していただいたコンシェルジュに聞いてみた。答えは、私たちが店に入ってきたときから、体型はもちろんのこと、髪型、洋服のセンス、ちょっとした会話、手にとって見ている商品などを観察して、好みを察知するとのことだった。これは、研修やマニュアルで実現できるサービスではなく、経験に裏づけられたコンシェルジュとしての技術である。

　鈴木マネジャーもこのコンシェルジュがWACOAL DIAブランドの鍵を握っているということを、次のように話している。

本当に鍵を握っているのはコンシェルジュなんですよ。いくらいい商品といい空間をつくっても、お客さまの購買意識の最後の鍵となるのはコンシェルジュの対応なんです。コンシェルジュ自身に、まずはWACOAL DIAファンになってもらって、売らされているのではなくて、「私もこのブランドが好きなんです」「本当にお客さまのために販売したい」「この想いを伝えたい」という風にしていきたい。(鈴木マネジャー)

　相手をもてなすためには、相手を知ることが大事である。これを実現するために逆に顧客の限定化を図っている事例が、京都のお茶屋さんの「一見さんお断り」の精神である。「もてなすお客さんがどんな方か分からなければ、気の利いたおもてなしはできない」という理由で客を限定するのだ。これこそ究極のサービス体制かもしれない[35]。そして人は本当のおもてなしを受けたとき、理屈抜きで、またそこへ行きたくなり、振る舞った人に何度も会いたくなるという[36]。これが「おもてなし価値提供によるリピート化」につながる原理であると考えられる。

4.5　まとめ

　以上のように、シュミットによる経験価値の5つのモジュール、ならびにおもてなし価値三要素について、WACOAL DIAの有する価値の分析を行った。その結果、**図表4-5**に示すように、おもてなし価値三要素は、経験価値モジュールでの「SENSE」「THINK」「ACT」と非常に強い関連性があることが検証された。

　おもてなし価値要素①の「商品」については、卓越したデザインと技術による丹精込めたものづくりという定義に対し、オートクチュールデザイナーの神尾敦子氏を起用し、職人の手作業による丹精込めた究極のものづくりを実行している点で関連性が検証できた。

　特に神尾デザイナーによる感受性の高い斬新なデザインは、顧客の五感に

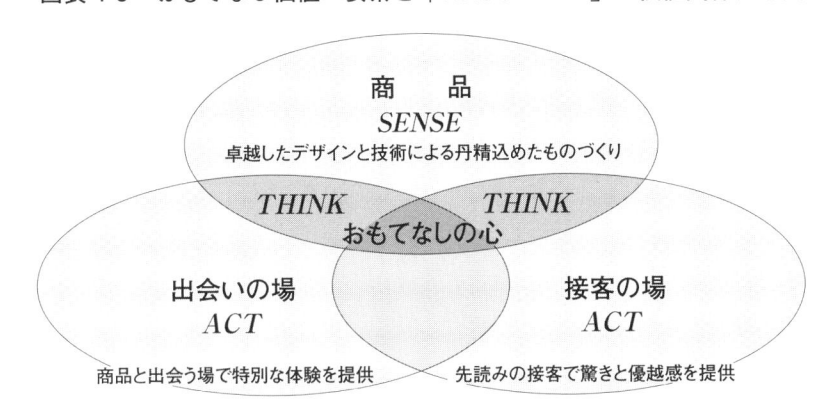

図表 4-5　おもてなし価値三要素と「WACOAL DIA」の価値関係概念図

商　品
SENSE
卓越したデザインと技術による丹精込めたものづくり

THINK　　THINK
おもてなしの心

出会いの場
ACT
商品と出会う場で特別な体験を提供

接客の場
ACT
先読みの接客で驚きと優越感を提供

直接訴えかけるものとなった。それは、今まで見たことのない驚きと美しさに対する憧れが、感覚的に生み出される経験価値の「SENSE」へとつながっている。

　おもてなし価値要素②の「出会いの場」については、その商品価値を最大限に高めるための特別な体験の提供という定義に対し、スイートフィッティングルームでの試着によって、最高の気分で商品と出会う場を実現している点で、関係性が検証できた。通常の洋服と違い1時間半から2時間におよぶフィッティングルームでの試着体験は、究極の優越感を与え、最終的に行動的経験価値の「ACT」へとつながる。

　おもてなし価値要素③の「接客の場」については、以心伝心による先読みの接客で、顧客に驚きや優越感を提供するという定義に対し、まさに定義通りのコンシェルジュによるおもてなしフィッティングを行い、先読みの接客で驚きと優越感を提供している。

　最後に、おもてなし価値要素①の「商品」をつくる際に生まれる情報は、丹精込めてつくったことを間接的に表現するための蘊蓄へと昇格する。他の要素である「出会いの場」や「接客の場」の、特別な体験や優越感を演出して提供するための情報として、知的経験価値の「THINK」へとつながるのである。

第5章

おもてなし価値
創造へ向けて

5.1 おもてなし価値創造のためのポイントの検証結果

第Ⅰ部では、今後ますます成熟化の進む社会において、製造業が顧客に提供すべき新しい価値と、その価値を提供するための商品開発のアプローチ方法について検証を行ってきた。

その結果、経験価値とおもてなし価値の提供に関する概念的な裏づけと、ケーススタディによる検証を通じて、以下3つのポイントの立証を行った。

> ポイント①　さらなる成熟社会において製造業が顧客に提供すべき新しい価値は「おもてなしによる感動」の提供である。

シャープ 液晶テレビ「AQUOS」、ワコール ラグジュアリーブランド「WACOAL DIA」の両ケースとも最終的に顧客へ感動を提供することを企業理念として活動しており、おもてなしの想いを込めた商品づくりによって顧客への感動の提供を実践し、その価値が顧客に受け入れられている事例として検証された。

> ポイント②　製造業におけるおもてなし価値の提供のための要素として
> 1. おもてなしの心を込めた「商品」
> 2. 顧客が商品と初めて接する「出会いの場」
> 3. 顧客に振る舞いもてなす「接客の場」の三要素を創ることが必要である。

まずおもてなしの心を込めた商品づくりとは、自社の持つすべての知恵や技術を注ぎ込むことであることが事例により判明した。さらにその想いによって生まれた新たな技術は、その商品の価値を顧客に伝える際の蘊蓄となり、出会いの場や接客の場で使われる。両ケースとも、このものづくりに込めた想い

を顧客に伝えるための「出会いの場」や「接客の場」で他社との大きな差別化を図り、成功している事例として検証された。

> **ポイント③　おもてなし価値三要素は、一つのシナリオとして連続性をもってトータルデザインされていることが必要である。**

両ケースとも全体のブランドを管理しながらシナリオを設計しており、その商品の特徴を他社と差別化をしたうえで絞り込み、継続することによって成功している事例として確認された。

よって以上の3つのポイントは確認された。
今までの先行研究では論じられていなかった、経験価値とおもてなし価値提供の関係性が明らかとなり、今までサービス産業で展開されていたおもてなし価値の提供が、今後の成熟社会において製造業が創造すべき新しい価値として有効であることが検証できた。

5.2　成熟社会における経験価値マネジメント

今回提案した「おもてなし価値三要素」と、経験価値の5つの戦略的モジュールとの関連性をより詳細に分析した。その結果、今まで論じられていなかった経験価値の概念における、おもてなし価値提供時の商品開発アプローチが明らかとなった。その要点をまとめる。

この分析の結果、おもてなし価値三要素は、経験価値モジュールでの「SENSE」「THINK」「ACT」と強い関連性があることが分かった。

おもてなし価値要素1.の「**おもてなしの心を込めてつくる商品**」については、もてなす人に想いを込めてご馳走を作るように、卓越したデザインと技術による丹精込めたものづくりが鍵となる。この想いが商品のデザインや機能として表現されることで、顧客の五感に直接訴えかけるものとなり、感覚的に生

み出される経験価値の「SENSE」へとつながる。

　おもてなし価値要素2.の「顧客が商品と初めて接する出会いの場」については、人をもてなす際の「体験の空間」と解釈することができる。人と出会う場でご馳走を出すだけではなく、その商品価値を最大限に高めるための特別な体験を提供する。この体験を通じて行動的経験価値の「ACT」へとつながる。

　おもてなし価値要素3.の「顧客に振る舞いもてなす接客の場」については、まさに「人へのおもてなしそのもの」と解釈することができる。以心伝心による先読みの接客で、顧客に驚きや優越感を提供する。このふれあいを通じておもてなし価値要素2.と同様に行動的経験価値の「ACT」へとつながる。

　最後に、おもてなし価値要素1.の「商品」をつくる際に生まれる情報は、丹精込めてつくったことを間接的に表現するための蘊蓄へと昇格する。他の要素である「出会いの場」や「接客」の際の、特別な体験や優越感を演出して提供するための情報として、知的経験価値の「THINK」へとつながる。この情報は一般的に、商品の中に隠された技術的情報であることが多い。今後技術者は、このような特別な体験を演出するシーンを想像しながら技術開発を行うことが重要となってくる。

　本書において提案したポイントに基づき、AQUOSとWACOAL DIAのケース事例により検証した結果、製造業におけるおもてなし価値の提供を行う際に必要な要素と経験価値5つのモジュールとの関連性について、その概念を一

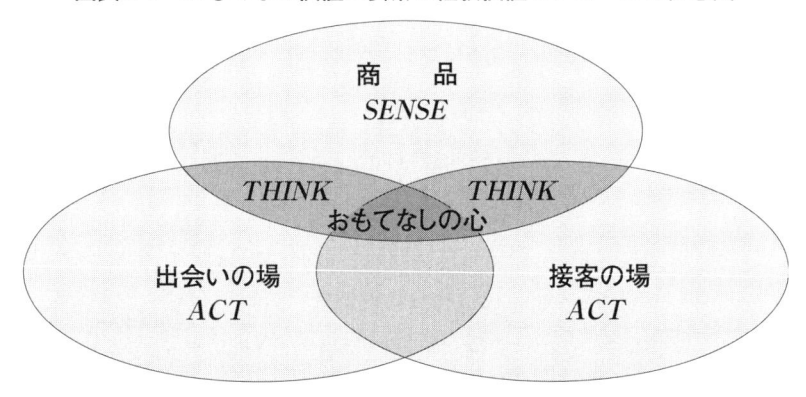

図表5-1　おもてなし価値三要素と経験価値モジュールの概念図

般化し表したのが**図表 5-1** である。

5.3　今後の課題

　現在、製造業におけるおもてなし価値の提供事例として国産自動車の新ブランドが注目を集めている。しかし、その訴求価値の中心となっているのは、ホテルのコンシェルジュ方式を取り込んだ販売スタイルである。とりわけ、販売員の恭しい接客や 90 度の角度のお辞儀が話題になった。それは基本的には、本書で提案した三要素のうちの一つ「接客の場」の部分だけである。その他の「商品」や「出会いの場」については突出した要素がないため、戦略的に「おもてなし価値三要素」をそろえているケースとしては適さないと本書執筆時点では判断する。

　本書でケーススタディとして取り上げた WACOAL DIA については、2006 年 2 月より、2 つ目の店舗を伊勢丹新宿店に展開した。ワコールの発表によると、百貨店への展開理由は「新たなお客様との接点を拡大し、ますますのブランドの認知と売上拡大をはかる。」こととしている。さらに今後の展望として「2008 年までを目標に数店舗の百貨店の展開を行い、その後海外展開を視野に入れたい」（鈴木マネジャー）と話している。

　百貨店展開時も、最もファッションセンスの高い伊勢丹新宿店からという方針については、ブランドを大切に思う気持ちが伝わるが、本書で紹介した WACOAL DIA の 3 つの提供価値すべてを、百貨店という店舗形態で同じように実現するのは簡単なことではない。商品は銀座店と同じものでも、その商品を基にした「出会いの場」や「接客の場」を同じレベルで提供するのはたやすいことではないのである。最終的な目標として海外展開とあるが、WACOAL DIA がどういった価値を提供するブランドとして確立され、発展していくのか、今後の動向に注目したい。なお、2007 年には、六本木再開発地区の「東京ミッドタウン」に 3 店舗目を出店する予定である。

　日本の製造業において、戦略的に「おもてなし価値三要素」を実践することによって成功し、実績をあげている事例はまだ少ないのが実情である。今回は

ケーススタディが AQUOS と WACOAL DIA の 2 ブランドであったが、ブランドの確立が注目される中、おもてなし価値創造のための 3 つのポイントを実証できるケースをさらに増やすことによって、製造業におけるおもてなし価値創造の適用性の範囲を広げることが期待される。さらに、今後ますますマーケティングやブランド戦略の機軸となる経験価値の適用性も拡大する可能性が高く、「おもてなしによる感動」以外の価値提案に関する研究も有効であると考える。

第 I 部 参考文献

[1] 長沢伸也編著、早稲田大学ビジネススクール長沢研究室（山本太朗・吉田政彦・入澤裕介・山本典弘・榎新二）共著『ヒットを生む経験価値創造—感性を揺さぶるものづくり—』、日科技連出版社、2005 年
[2] B. J. パイン II 世・J. H. ギルモア共著、電通「経験経済」研究会訳『経験経済』、流通科学大学出版部、2000 年、および、岡本慶一・小高尚子共訳『「新訳」経験経済—脱コモディティ化のマーケティング戦略—』、ダイヤモンド社、2005 年
[3] 堺屋太一著『高齢化大好機』、NTT 出版、2003 年
[4] 堺屋太一著『団塊の世代』、文藝春秋、1980 年
[5] 堺屋太一著『ブランド大繁盛』、NTT 出版、2004 年
[6] 服部勝人著『ホスピタリティ・マネジメント入門』、丸善、2004 年
[7] 近藤隆雄著『サービスマネジメント入門—商品としてのサービスと価値づくり—』、生産性出版、2004 年
[8] P. コトラー・T. ヘイズ・P. ブルーム著、平林祥監修『コトラーのプロフェッショナル・サービス・マーケティング』、ピアソン・エデュケーション、1999 年
[9] 遠藤功著『現場力を鍛える—「強い現場」をつくる 7 つの条件—』、東洋経済新報社、2004 年
[10] 高野登著『リッツ・カールトンが大切にするサービスを超える瞬間』、かんき出版、2005 年
[11] 小松田勝著『ディズニーランドの「ホスピタリティ」はここが違う—お客様を感動させるホスピタリティ・ビジネスの原点—』、経林書房、2004 年
[12] ディズニー・インスティチュート著、月沢李歌子訳『ディズニーが教えるお客様を感動させる最高の方法』、日本経済新聞社、2005 年
[13] P. コトラー・J. ボーエン・J. マーキンズ著、白井義男監修『コトラーのホスピタリティ＆ツーリズム・マーケティング』、ピアソン・エデュケーション、2003 年
[14] 服部勝人著『ホスピタリティ学原論』、内外出版、2004 年
[15] 久松真一著、藤吉慈海編『茶道の哲学』、講談社学術文庫、2002 年
[16] 角山榮著『茶ともてなしの文化』、NTT 出版、2005 年
[17] M. ルボーフ著、弓場隆訳『お客様の心をつかむ真実の瞬間—驚異の売上げを達成する 10 の秘

訣！』、ダイヤモンド社、2003 年
[18] 寺山正一著『決戦―薄型テレビ最終戦争―』、日経 BP 社、2005 年
[19] 朝日新聞、2005 年 12 月 6 日付
[20] 舘澤貢次著『シャープの「オンリーワン経営」―"自前主義"を貫く液晶王国の秘密―』、オーエス出版、2005 年
[21] 日本経済新聞、2005 年 10 月 27 日付
[22] 電通消費者研究センター編著『Dentsu 広告景気年表―ビジュアル版― 1945-2003』、電通、2004 年
[23] 斎藤駿著『なぜ通販で買うのですか』、集英社新書、2004 年
[24] 日経デザイン編集部「特集　環境広告の正しい作り方」、『NIKKEI DESIGN』、2005 年 10 月号、日経 BP 社
[25] 柳原一夫・大久保隆弘著『シャープの「ストック型」経営―最強のモノづくりを支えるマネジメント―』、ダイヤモンド社、2004 年
[26] 佐藤典司著『デザインマネジメント戦略― The strategy of design management ―情報消費社会を勝ち抜く』、NTT 出版、1999 年
[27] 長沢伸也著『おはなしマーケティング』、日本規格協会、1998 年
[28] B. スリーヴァ著『ブランドデザインが会社を救う！』、小学館、2005 年
[29] 川島蓉子著『松下のデザイン戦略―業界を揺るがすパラダイムシフトとは―』、PHP 研究所、2005 年
[30] 太田賢司（聞き手：長沢伸也）；「死の谷を恐れることはない」、『早稲田ビジネススクールレビュー』、第 2 号、pp.38-42、日経 BP 社、2005 年
[31] 中西元男著『創る　魅せる　超える―「構想不況企業」突破への指針―』、きこ書房、2001 年
[32] 長沢伸也編著、早稲田大学ビジネススクール長沢研究室（大貫明人・検見崎兼秀・石川誠・梅田學・榎新二・豊泉光男）共著『生きた技術経営 MOT ―プロジェクトマネジャーからのメッセージ―』、日科技連出版社、2004 年
[33] 日経デザイン編集部「特集　足りなかったのは感性品質」、『NIKKEI DESIGN』、日経 BP 社、2004 年 8 月号
[34] 日経産業新聞編『日経　市場占有率　2007 年度版』、日本経済新聞社、2006 年
[35] 相原恭子著『京都　花街もてなしの技術』、小学館、2005 年
[36] 平野秀典著『感動力―あなたの人生に「ドラマ」を生みだす 7 つの魔法―』、ゴマブックス、2004 年

第Ⅱ部

デザインが導く経験価値創造

第6章

デザインが導く経験価値の提供

6.1　あらためて考えるデザインの重要性

　優れた機能だけでは顧客を引きつけることはできない。他社との差別化を図り、顧客を引きつける商品を開発するためにデザインの活用が叫ばれており、その重要性は一般に認識されている。

　例えば、企業アンケートで商品開発におけるデザインの重要性について問うと、非常に重要44%、重要44%で合わせると88%に至っている[1]。非常に高い数字である。しかし、デザインの重要性は語られているが、単なる商品の付加価値に留まっている傾向があり、結果として重要性の認識に至っていないように思われる。

　T. ピーターズは著書『トム・ピーターズのマニフェスト1　デザイン魂』の中で、「デザインは私の解釈では、傑出した製品・サービス・経験を生み出せるかどうかを左右する、一番の決定要因です。さらに言えば、デザインはどんなときにでも最優先だと考えている企業があきれるほど少ない"重要なテーマのひとつ"なのです」と発言したと述べている[2]。デザイン開発の中心をなすデザイナーにすら、デザインの重要性が十分認識されていないのである。デザイナー以外では、さらに認識を高めなければならない。

　商品におけるデザインの重要性を示す指標として、三留修平は『日経デザイン』に寄せた記事『デザインの経済価値を測る』で、消費者の商品購入時の購入重視点とその相対的重要度に関するコンジョイント分析からデザイン貢献度を**図表 6-1**に示すようにまとめている[3]。ここで言う"デザイン貢献"とは「デザインの工夫により基準商品のマイナーチェンジで、コストの増加を抑えつつ魅力ある商品を生み出すことができたこと」を指す。デザイン貢献度の中で、デザインセクションだけで対応可能な貢献度が「直接的」、他の技術セクションとの対応が必要な貢献度が「間接的」と定義している。

　佐藤典司は著書『デザインマネジメント戦略』で、この三留のデータを分析して「ここに掲げられた、自動車、情報通信機器、家電はいずれも、あまたある商品群の中でも、消費者にとって、むしろハード機能面での効用価値が高そうな商品分野と言って良いだろう。それですら、消費者にとっての商品の魅

図表 6-1　各種商品分野におけるデザイン貢献度の比較

		デザイン貢献度	（直接貢献度）	（間接貢献度）
自動車	中型乗用車	0.77	0.25	0.52
	RV	0.74	0.19	0.55
情報通信機器	パソコン	0.21	0.07	0.14
	携帯電話	0.42	0.22	0.20
家電	テレビ（現在）	0.40	0.11	0.29
	テレビ（過去）	0.43	0.31	0.12
	冷蔵庫	0.77	0.40	0.37
	エアコン	0.62	0.32	0.30
	ビデオ	0.57	0.19	0.38

出典：三留修平稿「デザインの経済的価値を測る」、『日経デザイン』、1997 年 4 月号、日経 BP 社、pp. 60-67、表 1

力は、四割から七割という高いポイントで、デザインという情報価値に向けられていることに、あらためて驚かされる。いわんや、ファッション、家具、調度類など、ふだんわれわれの身の周りにあるほとんどの商品が、モノそのものの基本的機能だけでなく、デザインに代表されるあらゆる情報価値にも効用のウエイトが置かれて消費されているものと見て誤りはないだろう」と述べている[4]。

　三留が分析した 1997 年から既に 10 年を経過しており、現在、デザイン貢献度を測れば、さらに大きくなっていることが予想できる。自動車、いわゆるデザイン家電、画素数競争が一段落したデジタルカメラ、液晶・プラズマに代表される薄型テレビ、携帯電話など、さまざまな商品が華やかなデザインで差別化を図っている昨今の状況を見れば明らかであろう。

　一方、商品・サービスのコモディティ（ブランド要素が明確でない日用品）化から脱却を図る手段として経験価値が注目されている。経験価値に着目した B. J. パインⅡ世と J. H. ギルモアは、商品に経験価値を高める確実な方法として消費者とその商品との間に感性的なインタラクション（相互作用）を活性化させる何かを付け加えることを提案した。「どんな感覚が消費者を揺り動かせるのかを知り、消費者の感性や感覚の活性化にフォーカスしたうえで、製品が

もっと魅力的になるように改めてデザインをする必要がある」としてパインⅡ世とギルモアはデザインの果たす役割を提案している[5]。その一方で、「経験がいかに鮮烈であっても、いつも同じ経験ではやがて経験もコモディティ化していきます」とも述べている[5]。単発ではなく、継続して優れたデザインに基づく商品の開発が必要とされる。

ここ数年、リバイバル商品の採用やヒット曲・CMに"懐かしい"曲（当時を知らない若者には"新鮮さ"がある）を採用する例が目立っている。例えば、毎年電通から出されている『話題商品・ヒット商品』で扱われている複数のトレンドのひとつに、以下のように、リバイバル商品（復刻商品）があげられている（電通HP（トレンドボックス）より http://www.dentsu.co.jp/trendbox/consumer/index.html）。

・2001年版「スロースロー」の構成部分に「復刻アレンジ」
・2002年版「夕焼け空の純情（昭和には一本気な力があった)」
・2004年上半期版「アノコロジー～"昭和の元気"をもう一度」
・2005年後半～2006年予測「ナツカシナジー（ちょっと懐かしいモノ)」

しかし、単なる懐かしさに頼るリバイバル商品（かつてのヒット商品）を投入すれば、当時を知る人々が懐かしさから買うため、ある程度の販売が見込めるが、一過性のものとなりがちである。過去の記憶に対して、購買者の懐かしさを超えたアプローチが求められる。

さらに、「デザイン」の重要性を言葉で終わらせず、デザインを通じて経験価値を創造し、新商品開発に具体化するような切り口が必要とされる。

なお、「デザイン」は多義語であり（第9章参照）、本書第Ⅱ部におけるデザインは"商品に施された創作全体"であって、商品の機能も含まれるものとする。したがって、マーケティングの分野から定義されている"スタイル"という概念を含むが、"主に商品の外観に現れたもの"に限定して考察する。

6.2 経験価値マーケティングとデザイン

B. H. シュミットの経験価値概念については、既に長沢伸也編著『ヒットを

生む経験価値創造』に詳しく分析されており[6]、また本書の序章にも述べられているので、省略する。本章では、経験価値を生み出す刺激として経験価値プロバイダー、伝統的マーケティングと経験価値について簡単に述べる。

シュミットは著書『経験価値マーケティング』で、顧客の経験価値を生み出す刺激として、経験価値プロバイダー（以下「ExPro」=Experience Provider）の提供について述べている[7]。

戦略的経験価値モジュール（SEM=Strategic Experiential Module）はExProによって発生する。「ExProはSEMのキャンペーンを計画するとき、マーケターが用いる戦術的な実践要素である」として、具体的に以下の要素を提案している[7]。

① **コミュニケーション**：広告、対外的および社内向けの企業コミュニケーションだけでなく、ブランドをつけたパブリッシング・リレーションズ・キャンペーン、アニュアルレポートも含まれる。

② **視覚や言語によるアイデンティティ**：名前、ロゴ、シンボルマークによって構成され、ネーミングも含まれる。

③ **製品・プロダクトプレゼンス**：製品デザイン、パッケージング、製品陳列、POP、ブランドキャラクターなどが含まれる。

④ **コブランディング**：イベント・マーケティング、スポンサーシップ、提携やパートナーシップ、ライセンス供与、映画中のプロダクトプレイスメント、共同キャンペーンなどが含まれる。

⑤ **空間環境**：ビルやオフィスや工場の空間、小売スペースや公共スペース、トレードブースなどが含まれる。

⑥ **ウェブサイトと電子媒体**：バナー広告、チャットルームも含まれる。

⑦ **最強のExProとしての人間**：販売員、企業の代表者、サービス提供者、顧客サービス提供者、その他企業やブランドと関わりうるあらゆる人たちも含まれる。

伝統的マーケティングでは、デザインは4Pのプロダクトの属性の一つとして位置づけられていた。P.コトラーは**図表6-2**のように「製品プランナーは、製品の中核をもとに製品の実体を作り上げなければならない。有形の製品に

図表 6-2　製品の 3 つのレベル

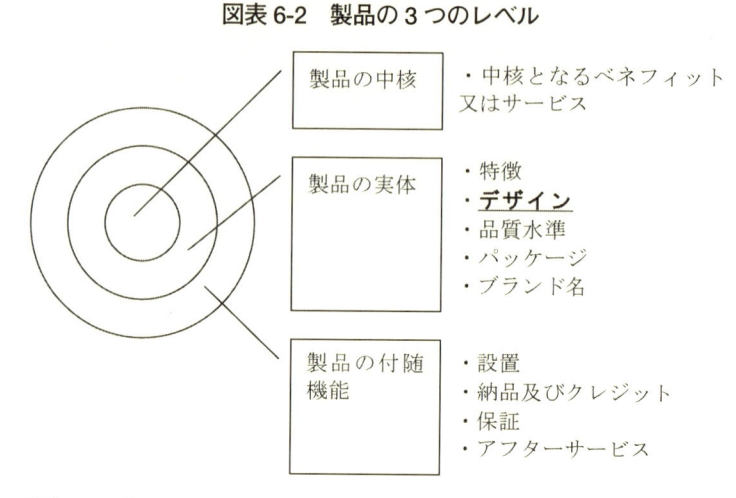

- 製品の中核
  - ・中核となるベネフィット又はサービス
- 製品の実体
  - ・特徴
  - ・**デザイン**
  - ・品質水準
  - ・パッケージ
  - ・ブランド名
- 製品の付随機能
  - ・設置
  - ・納品及びクレジット
  - ・保証
  - ・アフターサービス

出典：P. コトラー・G. アームストロング著、恩藏直人監修、月谷真紀訳『コトラーのマーケティング入門』、ピアソン・エデュケーション、1999 年、p.270

は、5 つの特性があると考えられている。それは、品質水準、特徴、デザイン、ブランド名、パッケージである」[8] として、「製品の開発とは、提供するベネフィットを明確にすることでもある。これらのベネフィットは、品質、特徴、デザインといった製品属性を通じて消費者に伝えられ、提供される」と述べている[8]。

さらにコトラーは、著書『コトラーのマーケティング・コンセプト』で「デザインは、製品の外観という域を超えた概念である。魅力的で、なおかつ優れたデザインの製品とは、以下の基準を満たすような製品のことである」として「パッケージを開けるのが簡単、組み立てが簡単、すぐに使い方がわかる、使いやすい、修理しやすい、処分しやすい」を列挙している[9]。

シュミットの『経験価値マーケティング』では、デザインは視覚などの感覚に訴えるものとして SENSE で把握されるものとして捉えている。また、明確には述べられていないが FEEL との関係もほのめかしている。例えば、ニュー・ビートルを例にして「ファンキーで懐古調でありながら超現代的なデザインは、SENSE モジュールから FEEL モジュールへのコネクターを提供してい

る」との記載がある[7]。

　また、ExProとしての製品デザインの説明の中で、フィリップスの女性向け脱毛機サティネールについてふれている。「全体的に女性の体を思わせる形で、微妙な色合いはチューリップの花びらを連想させる。女性的なRELATE型の訴求は、サティネールというプロダクト・ネームと、その名前の下で印刷された『センシティブ』といった言葉で伝えられている」と述べている。この記載で、RELATE型と言っているのは、プロダクト・ネームと「センシティブ」といった言葉のことを指しており、女性の体を思わせる形そのものについては述べていない。

6.3　ノーマンのデザイン論

　認知心理学者D. A. ノーマンは、著書『誰のためのデザイン？』の中で、認知心理学の立場から理解しやすく使いやすい商品デザインについて論じている[10]。この際、ノーマンはアフォーダンスの視点を取り入れた（アフォーダンスについては第9章を参照）。さらにノーマンは、続編『エモーショナル・デザイン』の中で、『誰のためのデザイン？』で欠落していた"情動"について述べている[11]。

6.3.1　『誰のためのデザイン？』[10]

　ノーマンは、よいデザインの多くは進化するが、試され修正される間にデザインの進化に逆らう力が働くという。

　まず、デザインの自然な過程における進化については「新しいものは前の製品にあった問題点をなくし、少し改善したり新しい趣向を組み込んだりして作られている。時間の経過につれて、このプロセスの結果として機能的で視覚的にも美しいものができあがってくるのである」ということである。

　デザインの進化に逆らう力として、その前の型の製品が販売される前に、すでに新しいデザインの工程に入るような"時間の切迫"、最新型の改良型（消費者には迷惑な）を求める企業意図による"異なるものを作ろうという志向"、

他社との違いを意識するあまり間違った"個性の主張"があるという。

さらに、ノーマンは、デザイナーには2つの致命的な誘惑の圧力がかかるという。それは"ユーザーの要望"という名のなしくずしの機能追加主義と、誤ったイメージをありがたがることである。そして、なしくずしの機能追加に対抗するには、機能追加を避けるか（または慎重にするか）、あるいは機能を体系化してモジュール化することが必要であるとする。誤ったイメージとは、例えば「技術的優秀さというみせかけ」であり、治療法は教育しかないという。

そこで、ノーマンは、著書『誰のためのデザイン？』で**図表6-3**のようなメンタルモデルを設定して、ユーザー中心のデザインの必要性を強調している。メンタルモデルとは「自分自身や他者や環境、そしてその人が関わりを持つもの（例えば、商品としての道具）などに対して人がもつモデル」のことである。人はこのメンタルモデルを「経験や訓練、教示などを通して」身につけるようになる。

メンタルモデルは「デザインモデル」「ユーザーのもつモデル」「システムイメージ」の3つの異なった側面から構成される。デザインモデルは「デザイナーが頭に思い描いたシステムを概念化したもの」であり、ユーザーのもつモデルは「ユーザーがシステムの挙動を説明するために作り上げたモデル」である。

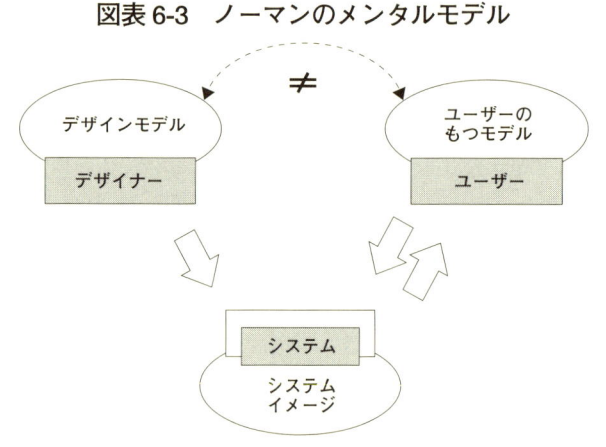

図表6-3　ノーマンのメンタルモデル

出典：D.A.ノーマン著、野島久雄訳『誰のためのデザイン？』、新曜社、1990年、p.25、図1-10およびp.311、図7-1より筆者加筆修正

システムイメージは「道具のうち、目に見える構造の部分」を指し、システムそのものとは異なる。システムそのものとは、「そのシステムの外観や操作、システムの応答、システムについてくるマニュアルや教示など」のことである。
　理想的にはユーザーのもつモデルとデザインモデルは同じになるはずである。が、必ずしもそうなっていないという。ユーザーとデザイナーとは、「システムそのものを介してしか、やりとりをすることができない」、ユーザーはデザインモデルと直接やりとりできないからである。
　したがって、デザイナーは「自分の作ったシステムが思った通りのシステムイメージを生み出すように」しなければならない。そうすることによって「はじめて、ユーザーは適切なモデルを獲得する」ことができるようになる。

6.3.2 『エモーショナル・デザイン』[11]

　ノーマンは使いやすさをデザインの世界の正当な地位に引き上げた。さらに、情動を「人間の認知と情動を科学的に理解することが製品のデザインにどのような影響を与えるか」という視点で、前著『誰のためのデザイン？』を発展させている。「1980年代に『誰のためのデザイン？』を書いたとき、私は情動を考慮に入れていなかった、悪いデザインに対して怒っていたというのに、すべては論理的で、冷静なやり方で役に立つこと、機能的、形態などに取り組んでいた。だが今、私は考えを変えた。なぜか。科学の進歩によって、脳に対する理解、情動と認知がいかに緊密に絡み合っているかについての理解が進んだこともその一因である。我々科学者はいまや、情動が日常生活においていかに大切か、いかに価値あるものかを理解している」としている。
　ノーマンは「製品がいかに設計され使われるかには、強い情動的な要素も関わっているということである。(中略) 製品が成功するためには、実用面よりも情動面のデザインの方が重要なのではないか」として、情動のデザインを構成する要素に、本能的デザイン、行動的デザイン、内省的デザインをあげている。そして、「各レベルにはそれぞれ別のデザインスタイルが必要とされる」と、新たなデザインの視点を提案している。
　ここで、各レベルのデザインの位置づけについて「三つの非常に異なった次

元は、どのようなデザインにも織り合わされている。これら三つのすべてなしにはデザインはできない。しかし、さらに重要なのは、これら三つの要素が情動と認知の両方といかに織り合わされているかに注目することである」と述べている。したがって、3つの要素の前提として、情動の概念を探ることが必要となる。

ノーマンは、情動について明確には定義をしていないので、記載から概括する。

ノーマンは、"情動は激しい、動物的な、不合理なもので、認知は冷静な、人間的な、論理的なものだ"と言われてきた旧来の"情動"と"認知"の対比を否定している。そして、ノーマンは認知と情動について「認知と情動は一般に対立するものとみなされている（中略）情動は認知と切り離せないし、認知の一部であって不可欠なものである」と述べている。

そして、情動は「意識に表れた感情であり、その原因と対象がはっきりしている」ものである。それに対して、感情は"意識か無意識かに関わらない"ものであるとしている。例えば、なぜか分からない不快感や不安感が感情で、悪い車を売りつけられたときに感じる販売会社への怒りは"情動"である。理由があっての怒りだからである。

また、意思決定の際の「何かを決めても、なぜかと改めて聞かれたら分からないことが多い。『ただなんとなくそっちが好きなんだ』と答えるかもしれない。決定は『良いと感じる』ものでなければならない。そうでなければ、その決定は拒否される。こういう気持ちが情動の表れなのである」としている。

そうしてみると、情動とは、原因と対象がはっきりしている感情（＝コントロールできる）で、取り扱うのは主に肯定的な「心地よいと感じる」ことと考えられる。

次に、情動を生むデザインの三要素についてまとめる。ノーマンは、各要素の違いを明確には仕分けしていないので、トピックス的に相違点を抜き出して比較し、各デザイン要素の特徴を把握する。

まず、ノーマンの記載に基づき、脳機能の処理レベル、製品特性との関係、デザインの特徴の3点のうち、要素を特徴的に表しているものを整理して、

図表 6-4 ノーマンの情動を与える 3 つのデザイン要素

デザイン要素	脳機能の処理レベル	製品特性との関係	デザインの特徴
本能的デザイン 本能レベル	自動的で生来的な層	外観	人類や文化を超えて不変な、見た目、手触り、音などの物理的特徴
行動的デザイン 行動レベル	日常の行動を制御する脳の機能を含む部分	使うことの喜びと効用	機能が最優先。機能、分かりやすさ、使いやすさ、物理的な感触が四要素
内省的デザイン 内省レベル	脳の熟慮する部分	自己イメージ、個人的満足感、想い出	カバーする領域は広く、メッセージ、文化、製品の意味やその使われ方までも関係する

出典：D. A. ノーマン著、岡本明ほか訳『エモーショナル・デザイン』、新曜社、2004 年より筆者作成

図表 6-4 に示す。

3 つの要素の相違点に関する記載から、各要素の内容を把握する。まず、行動的デザインと内省的デザインとの相違について一例をあげている。そこでは、純粋な行動的デザインとしてカシオ計算機株式会社の「G ショック」（登録商標）をあげた。「G ショック」を、内省的デザインと位置づけ「時計メーカーではありません。情動の会社なのです」と語るスウォッチ社の時計と区別している。

本能レベルと内省レベルとを比較して「魅了されるのは本能レベルの現象である。反応は完全に、ものの表面上の見かけに対するものだ。美は内省レベルからくる。美は見かけの内側を見る。」とノーマンは述べている。また「姿かたちの良い製品は本能レベルで勝負する。高級品、レア物、限定品は内省レベルだ」と述べている。

さらに、各要素の特徴としているトピックス的な記載を拾って、各要素について理解を深めたい。ここで、**図表 6-4** で記載した特徴点は除いてある。

本能的デザインについては、以下のようなトピックスが記載されている。

・本能レベルのデザインは見かけに関わっている。

・自然が作り上げるデザインと言える。

・何かを「かわいい」と思うとき、その判断は本能レベルから直接くる。

- 本能的デザインは、第一印象に訴えるものなので、人をデザインの前につれていき反応を待つだけで簡単に調べることができる。
- 本能的デザインでは即時的な情動的なインパクトがすべてである。感じよく、見た目も良くないといけない。

行動的デザインについては、以下のようなトピックスが記載されている。
- 行動レベルのデザインは使うときの喜びと効率に関係がある。
- 第一に使用の面にかかわっている。
- 構想のまずい行動的デザインは大きなフラストレーションを生み、(中略)使おうとする者をなんとも情けない気持ちにする。
- 良い行動的デザインは人間中心でなければならない。
- 行動的デザインは、ユーザーのニーズを理解することから始まる。
- 多くの製品が行動的デザインのためだけに好まれる、すなわち、その機能と効用、使い勝手、分かりやすさと物理的感触だ。

内省的デザインについては、以下のように記載されている。
- 内省レベルのデザインは製品を合理的なもの、知性的なものとすることに関わる。
- その製品にまつわる物語を語られるか。自己のイメージやプライドに訴えるか。
- 高価なオリジナル絵画が瓜二つの模作に勝るのは、オリジナルを所有したり鑑賞したりする内省的な価値の相違である(ノーマン(2004)[11]、p.115。ノーマンは、絵画は美がすべてとすれば、質の高い模作で十分なはずであるが、そうなっていない、という)。これは文化に関わっている。実用的価値や生物学的価値は関係ない。
- 内省レベルの操作によって、製品に対する全体的な印象が決められることが多い。
- 内省レベルでは、顧客との関係で重要な役割を果たす。良い関係があれば、製品への嫌な体験も完全にひっくり返すことができる。
- 内省的デザインはまさに、長期にわたる顧客の経験に関わっている。
- 内省的デザインも、信頼、サービス、単純な愉しみという点で、大きな

役割を演じる。

6.4　経験価値とクチコミ

　二瓶喜博は著書『うわさとくちコミマーケティング』で、クチコミの発生する状況を3つのポイントとして整理している。すなわち、第1は「情報処理が十分にできない、ないし、できにくい状況。あるいはできていない、という状況があるということである」、第2のポイントは「その事柄や話題に対する自我関与度が高いという状況が存在することである」、第3のポイントは「マス媒体との相互作用が生まれることで相乗効果が生まれるということである」としている[12]。

　また、二瓶はとりわけ、第1のポイントと第2のポイントから「知りたいけれど知りたいことがよくわからない」状況が成立することで、クチコミに関わる人々の関心が高まるとしている[12]。少ない情報量がクチコミを生む要因の一つとなるのである。

　長沢研究室でこれまで分析されたケースでは、例えば、京都の帆布製かばんの一澤帆布（現、信三郎帆布）[6]、京菓子の末富、京都のお香の松栄堂、エルメス[13]の場合が該当する。これらはマスへの広告戦略をとらず、マーケティングミックスでのPROMOTIONが極めて少ない。

　前述した二瓶のクチコミの発生する状況についての第3のポイントは、商品情報が顧客相互に伝わる以外に、パブリシティなどのように第三者から商品情報が提供される場合（前者）と、商品提供者からの広告にクチコミが生まれる要素を持っている場合（後者）とが考えられる[12]。

　前者のパブリシティの形で伝わる場合は広告の一形態と考えられる。二瓶は、商品情報の第三者からの伝達として、「パブリシティは無料の広告である」と述べている。パブリシティは顧客に客観情報である印象を与えるので「有料の広告より一層効果的である。クチコミが最終の購買決定に大きく影響するのもそのためである」と結論づけている[12]。

　また、後者の事例として、長沢研究室でこれまで分析されたケースでは、

例えば、INAXのタンクレス・トイレ「SATIS」の"第3の生活空間"という広告、日産自動車のSUV「X-TRAIL」でスポーツの失敗シーンを重ねながら"Join the X-movement""SHIFT challenge spirit"という広告が該当すると考えられる[6]。経験価値的な広告で顧客アプローチをしたケースである。

日野佳恵子は著書『クチコミュニティ・マーケティング』において、人が商品や何かのファンになる心理から、広告とクチコミとの違いを分析している。それによると人が商品や何かのファンになる心理には、認知→理解→共感→行動、という4つの段階がある。「クチコミュニティ・マーケティングと一般の広告宣伝とが大きく異なるのは、『認知活動』ではなく『理解』→『共感』→『行動』(ファンになる)という、広告宣伝ではあまり重視されなかった人と人との絆づくりを目指すところにある」として、広告とクチコミの関係について結論づけている[14]。広告手段は"認知"にすぎず、"認知(=知っている)"と"理解"とは違うからである。なお、クチコミュニティとは、「偶然起こると考えられていたクチコミを、コミュニティという『場』の中で意図的に起こしていこうというものだ」と日野が作った造語である[14]。

この認知と共感について、二瓶は『うわさとくちコミマーケティング』で、クチコミと関連する流言現象の解明を試みた。「流言が、各主体を介して行われるコミュニケーション形態としては、各口伝えの段階にくちコミ媒体となる各人の認知的行動と解釈が介在するという点である」と、コミュニケーションの重要性を述べている[12]。

シュミットも、一般的ではあるが、コスト効率性の高さと興味を引くことができるバズ(buzz)に注目している。バズとは、クチコミを意味し、販売ターゲット層に影響力がある人物にアプローチすることで、そのよさを周りの人に伝播させる手法である。「バズは、マーケティングの刺激的で新しい展開であるが、顧客を誤った方向に操作してしまうリスクがある。(中略)バズが正しく行われなければならない。バズがもっとも効果を発揮するのは、顧客に経験価値コミュニティを形成させることができた場合である。これには、製品やメッセージが広めるに値することと、他のクリエイティブなイニシアティブがバズを活かしておくことが条件となる」[15]。

E. ローゼンは、著書『クチコミはこうしてつくられる』で、クチコミを発生させることができる商品について「製品、製品カテゴリーにどれだけ多くの新しい情報を付加できるかが極めて重要だ」と述べている[16]。さらにローゼンは、製品特性の観点から"議論が起こりにくい製品"ではない製品＝消費者に高い関与性を創り出す製品として、具体的に以下のように列挙している[16]。

①エキサイティング型の製品　すっかり気に入ったと感じる製品
②革新的な製品　新しい恩恵をもたらす・それを創造した人の才能への感動
③経験型の製品　経験しなければ評価できない製品
④複雑な製品
⑤高価な製品
⑥目に見える（可視性）の製品

　なお、ローゼンもバズを広めるためには商品のみではなく「人々に（自然に）話をさせる固有の価値を持った感染型の製品、そして自然な感染を加速させるための裏方となる人」の2つが必要としている。また、ここで、ローゼンの定義するバズは、「ある時点における、特定の企業や製品に対するコメントの合計」と広く解釈している[16]。

　したがって、良い製品（機能が良い）は前提として、コミュニティをどう操作するかという視点のみではなく、総合的にクチコミ（バズ）を活用すれば、経験価値創造に結びつきうる。

6.5　シュミットのSEMとノーマンのデザイン要素の対応

　シュミットは5つの戦略的経験価値モジュール（SEM）のフレームワーク策定にあたり、認知心理学の研究を応用している。すなわち、前述したようにシュミットは『経験価値マーケティング』の中で、脳内に"心のモジュール"と呼ばれる、経験価値と対応する明確な複数の機能領域があるとして、「感覚、認知、情動の3つのシステムは相互に作用して一つの緊密に結びついた感覚的知覚、フィーリング、そして思考を生み出しているが、それぞれに独自の構造

と原則がある」と述べている[7]。

他方、ノーマンは『エモーショナル・デザイン』において認知心理学の見地から、認知・情動を獲得できるデザインの3つの異なる側面――本能的デザイン・行動的デザイン・内省的デザインを提案している。

したがって、脳における認知処理において、シュミットの"5つの戦略的経験価値モジュール（SEM）"と"ノーマンの3つのデザインの側面"とを結びつけることが可能であり、どのようなデザインが経験価値の創造に結びつくのかの手がかりとなりうる。

また、この考えについてはシュミット、ノーマンの両者とも述べていない。シュミットは、デザインを、主にモジュールの一つであるSENSEの視覚的構成要素としか捉えていないが、デザインは包括的な経験価値創造に寄与しうると考える。また、ノーマンは、「Emotional Designを実際に適用する上でのルールについては、良く聞かれる質問だが、"Chapter 8を読んでほしい"が答えである」として、Chapter 7までしかない本で述べており、具体的には提案していない[11]。

以上より、次のポイントを提示する。

> **ポイント1.** ノーマンの3つのデザイン要素（本能的デザイン、行動的デザイン、内省的デザイン）は、シュミットの戦略的経験価値モジュールに対応すると共に、ノーマンの3つのデザイン要素を具備した商品は経験価値創造に役立つ。

この場合、**図表6-5**のように、ノーマンの3つのデザイン要素は、シュミットのSEMに対応すると考えられる。

すなわち、ノーマンの本能的デザインは、主にシュミットのSEMでのSENSE、FEEL、THINKの各経験価値に寄与することができる。

本能的デザインは、脳の処理では自動的で生来的な層での処理に基づくものである。自動車を例にとると「車のドアが頑丈だと感じるように、閉めた

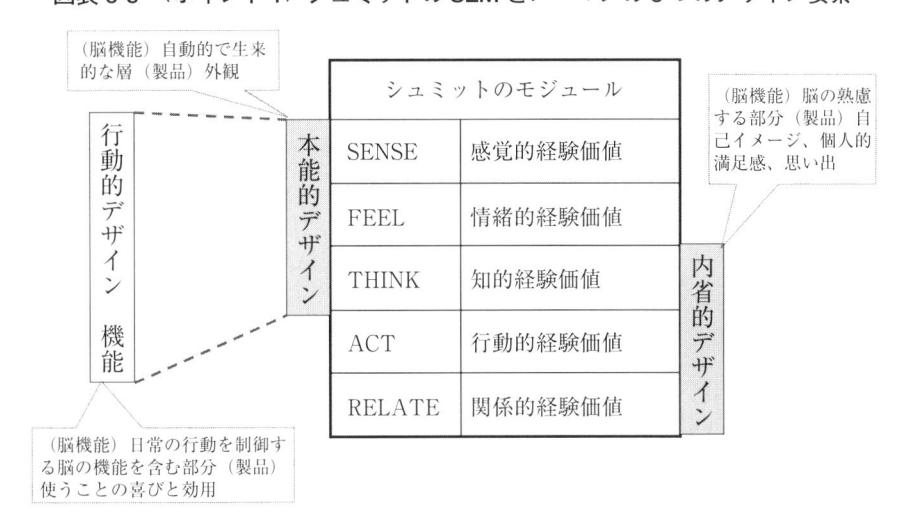

図表6-5 〈ポイント1〉シュミットのSEMとノーマンの3つのデザイン要素

（脳機能）自動的で生来的な層（製品）外観

行動的デザイン　機能

本能的デザイン

シュミットのモジュール	
SENSE	感覚的経験価値
FEEL	情緒的経験価値
THINK	知的経験価値
ACT	行動的経験価値
RELATE	関係的経験価値

内省的デザイン

（脳機能）脳の熟慮する部分（製品）自己イメージ、個人的満足感、思い出

（脳機能）日常の行動を制御する脳の機能を含む部分（製品）使うことの喜びと効用

ときには心地よい分厚い音をたてるようにする」「車体を流線型でセクシーで、心奪うようにする」というものであり、主に感覚（SENSE）、情緒（FEEL）にも関係し、創造・認知（THINK）に関係する可能性がある。

　また、内省的デザインは、主にシュミットのSEMでのACT、RELATEの経験価値に寄与し、THINKの経験価値にも関連しうる。内省的デザインは、脳の熟慮する部分の処理に関わる。「『ふさわしくない』からというので買うことをやめたり、好みだからという理由で何かを買ったりすることがないだろうか。これは内省的な決定である」からである[11]。

　一方、行動的デザインは、いわゆる商品の機能そのものである。経験価値とは本来的には別の概念とも考えられるが、"使いやすい"という機能に基づいたデザイン的な処理が、結果として、美的な満足感（SENSE）、感情移入（THINK）、驚きの感覚（THINK）に結びつくことも考えられる。

　M.ゴーベは著書『エモーショナル・ブランディング』で、ブランディングのツールとして気持ちを刺激するデザインについて「デザインとは商品に個性を与えることであり、カスタマイズすることでもある。巧みにデザインされた商品には個性があるため、消費者はその背後に存在するリアルな人間（デザイ

ナー）との一体感をもつ」と述べている[17]。

したがって、デザインと顧客との何らかの人間関係の存在も指摘しており、内省的デザインと ACT、RELATE との関係も裏づけられる。

6.6　記憶とデザインと経験価値の関係

いわゆるポストモダン・マーケティングにおいて、S. ブラウンの記事『ポストモダン・マーケティングへの警鐘』、桑原武夫・日経産業消費研究所の編著『ポストモダン手法による消費者心理の解読』等が、記憶に近似した概念であるノスタルジー、レトロを取り上げている[18] [19]。また、シュミットもノスタルジーについて、ポッタリー社の"ビーチボーイ・トランジスタラジオ"が60 年代のビーチボーイズを暗示し、パッケージに記載された「60 年代のカップルの絵によって、ノスタルジックで魅力的な FEEL が構築されている」としている[15]。

また、知識経営の分野で紺野登は著書『創造経営の戦略』で、"デザイン"と"経験価値""ブランド"に焦点をあて、経営戦略について研究している。ここでは、デザインについて、「デザインの本質は、モノの外形（意匠）ではなく、提供される価値、生産プロセス、組織、リーダーシップ・スタイルにいたるまでかかわっていく、創造的な知である」と捉えている[20]。

紺野は著書で知識経営の立場から、経験デザインにおいて記憶にも着目して、以下のように述べている。「人間の経験には、（中略）あらゆるディメンションが含まれるが、根幹にあるのは、『記憶』である。経験デザインとは、個人的記憶、深層心理、文化、社会コードなどを手がかりとして、経験価値＝高付加価値の創出を行うことである」[20]。

したがって、彼らの主張している記憶・ノスタルジー・レトロは、単なる個人的な"想い出"の範囲を出ていないように思われる。すなわち、ノスタルジー・レトロは結果としてそのような"想い出"が生じている現象（個人の感情）を言っているにすぎないのではないだろうか。言い換えれば、過去に存在していた物的な商品などを懐かしみ、現在に再現しているだけである。

また、彼らは"記憶と経験価値の具体的な関係""記憶はいかになされ""またその記憶をいかに引き出すか"については述べていない。

　高木光太郎は『アクティブ・マインド』の第5章「何のための記憶か」において、アフォーダンス（環境が生き物に提供するものを研究する）立場から、フラッシュバルブメモリーの研究の中で、自分のフラッシュバルブメモリーを人に語り、また、人のフラッシュバルブメモリーを知りたがっている事実に着目した。フラッシュバルブメモリーとは、大きな事件や事故の知らせを受けたとき自分がどこで何をしていたか、はっきり覚えている現象を指す。なお、自分の記憶を他人に語ることは円滑な会話のための習慣にすぎないとの見方もあるようである[21]。

　そして、高木は同書に「語り合いの中で再構成された過去の出来事は、想起に参加したメンバーによって認められたその出来事についての『公式見解』であり、これがその出来事の新しい記憶として各メンバーに共有される。（中略）このように個人の経験を超えた内容を持ち、集団のその出来事に対する公式見解として、各メンバーに共有される出来事の記憶とわれわれがふだん歴史とよんでいるものにほかならない。われわれは語り合いの中で自分たちの経験を集団にとっての歴史として結晶化していくのである」と記している[21]。

　また、高取憲一郎の論文『記憶過程におけるコミュニケーションの役割』によると、被験者に黙読で文書を記憶させたあと、個人再生と語り合いによる共同再生により、記憶内容のエラーを実験した。さまざまなパターンの実験でも共同再生はエラーが少なく、かつほとんどの組でパートナー間に個人再生量の差が認められなかった。共同再生群の被験者は各パートナー同士が同じ水準で記憶しているという結果であった[22][23]。

　上述の高取の論文を引用して分析をした高木は「コミュニケーションをくり返しながら記憶する間に相互に働きかけ合い、問題箇所を明確にして認識を深め、記憶活動を促進しあった結果であろう」としている[21]。

　そして、高木は、「共同再生においては、コミュニケーションに媒介されて問題が発見され、その問題を共同探索の努力の焦点とすることによって漸次問題解決がなされる、同時にそれは再生水準の上昇の過程である」と結論づけて

いる[21]。

よって、高取および高木の記憶研究を踏まえれば、"語り合いの中で記憶された過去の出来事はよく記憶され""また再構成されやすい"。これを商品開発に適用すれば、有効なものとなる。

アフォーダンスの視点から佐伯胖は編著『アクティブ・マインド』の中で、「記憶は過去の経験の『まとまり』を固有の『形』として所有したもので、『記憶内容』とは想起する状況、想起することで何かをやろうという活動意図、身構えによって、大いに変わりうる」と述べている[22]。したがって、記憶を想起しやすい経験価値プロバイダーの設定が有効なものとなる。

また、G. ザルトマンは著書『心脳マーケティング』において、顧客の思考や行動の研究の中で、記憶の記銘、検索、再生において重要な役割を果たす知覚システムにおける外的なキュー（手がかり）として匂いと音楽をあげている。また、マーケターが付加しうるキューには「たとえば、製品の属性や製品価値に関する説明、パッケージデザイン、店舗におけるBGM、（中略）独自性がありながら親しみのあるキューを付け加えることで、マーケターと消費者が一緒になって物語を生み出すことができれば、それは購買につながる」という[24]。

製品属性の要素としてのデザインは、（ザルトマンは言及していないが）経験価値プロバイダーとして、有効な要素となりうる。したがって、以下のポイントを提案する。

> **ポイント2.** 単なる懐かしさではなく、共有可能な記憶を選定し商品化し、この記憶に対し、デザインに起因した刺激となるアプローチをすれば、シュミットの各モジュールの経験価値創造に結びつきうる。

デザインは、ノーマンが『エモーショナル・デザイン』で示した3つのデザイン要素を具備したデザインとなる。

この経験価値アプローチ、刺激は、ノーマンのいう記憶を思い出させるシ

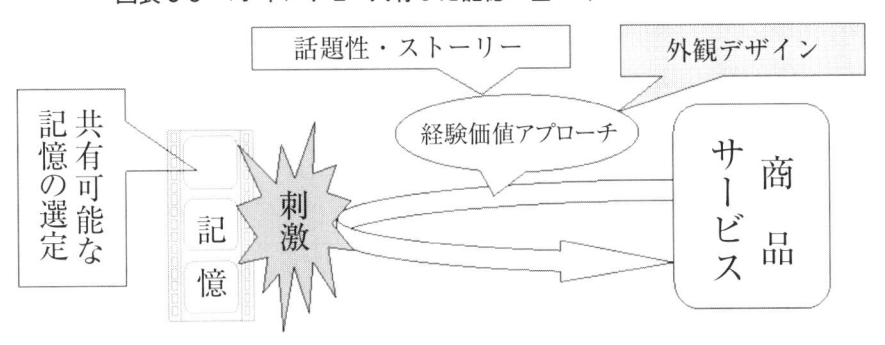

図表 6-6 〈ポイント 2〉共有した記憶に基づくデザインの商品

グナルとメッセージに通じるものとなる。

また、**図表 6-6** のように"共有可能な記憶を設定して"完成された商品は、その商品のデザインを見て、共有された記憶について、共有者と語られやすいので、クチコミを生じさせることが容易となる。

ゴーベは、クチコミについて、賛否の"分かれ道"をうまくマネジメントすることを前提として「口コミには信憑性があり、信頼される。それはある人の個人的な体験に基づいているからだ。最高の形のエモーショナルブランディングとも言い換えられるだろう」と述べている[17]。

6.7 基本的機能とデザインと経験価値の関係

『エモーショナル・デザイン』でノーマンは、認知に基づく使いやすいデザインに、美の役割が加味されれば、商品の使用中になにか問題点が生じた場合、「同じ問題に出会っても、ポジティブな情動状態にあるときには違った振る舞いをする。そういうときには、別なアプローチをいろいろと探すので、満足な結果に至ることが多い」と述べている。逆にネガティブな感情状態にあればトラブルを起こしている細部に集中することになり、例えばコンピュータのエラーに対する対処のように何度も同じ操作を繰り返すことになるという[11]。したがって、ポジティブな感情を引き起こすデザインがあれば、機能の不十分

点を補うことができる。

　一方、嶋口充輝は著書『戦略的マーケティングの論理』で、スワンとコム (John E. Swan and Linda J. Combs, 1976) の"消費者満足はその対象とする製品やサービスの本質機能と表層機能双方が期待と一致したときに初めて満たされ、そのいずれかが不一致のときは満足に結びつかない"とする仮説（機能充足仮説）から、「ある程度までは、いかなる製品・サービスにおいても本質機能を達成することは不可欠に重要であるが、たとえ、本質機能をさらにいくら高めても、表層機能を満たす努力をしなければ満足の上昇化がない。真の消費者満足の上昇は、本質機能を充実させるかにかかっている」としている[25]。すなわち、**図表 6-7** で、B 地点を超えた本質機能のパフォーマンスは、満足度上昇に結びつかないが、表層機能のパフォーマンスをあげればあげるほど満足度上昇に結びつくという。

　長沢は、『顧客価値創造ハンドブック』の中で、この２つの機能区分からの機能充足仮説に基づき、本質機能をいわゆる機能、表層機能を感性品質に置き換え、感性品質と機能の双方が優れた"スグレモノ型"商品が望まれ、顧客満足度における表層機能の充実化が一層需要であることを述べている[26]。

　よって、デザインの表層機能の面で充実を図れば、顧客満足が図れることは考えられる。この場合、一般的なデザインの充実ではなく、どのようなデザ

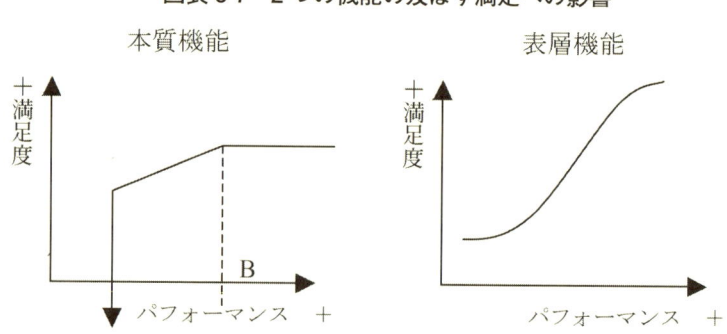

図表 6-7　２つの機能の及ぼす満足への影響

本質機能　　　　　　　　　　　　　　表層機能

出典：嶋口充輝著『戦略的マーケティングの論理—需要調整・社会対応・競争対応の科学—』、誠文堂新光社、1984 年、p.58、第 1 図

インとするかが重要となる。
　したがって、以下のポイントを提案する。

ポイント3. 基本的機能が備わった商品であれば、さらに機能を高めるより、"特徴ある機能が備わっていると思わせる"デザインを施した商品が、経験価値の創造に有効である。

　第3のポイントを、逆にいえば、機能にかけるコストを多少落としても、よりデザインにコストをかけた方が、基本的機能を満足している限り、顧客に満足を与えうるということになる。さらに言えば、機能を高めた場合、その高めた機能が備わっていると思わせるデザインが必要とされる。
　商品固有の基本的機能を具備することは当然の商品レベルである。その先で、さらに機能を高めて差別化を図るより、その機能を発揮できるように思わせるデザインを選択することを提案する。段違いの機能を提案できない場合に有効な選択と考える。
　第Ⅰ部と同様に、本章で提示した3つのポイントの検証方法として、デザイン価値の提供を通じて成功を収めたと考えられるコクヨ「カドケシ」とバンダイ「リトルジャマー」の事例を取り上げる。

第7章

ケース：コクヨ
消しゴム
「カドケシ」

コクヨ株式会社では、2005年10月2日に創業100周年を迎えたが、それに先立ち9月26日に、**図表7-1**のように、グループのコーポレートロゴを一新した（コクヨ プレスリリース2005年9月26日）。

新しいコーポレートロゴが目指すブランドイメージは"躍動感"がテーマであり、軽快で柔らかい曲線は"先進""独自""活気"を表現し、文字の連結は、コクヨと顧客とのさらなる"絆"、コクヨグループ全体の強靱な"絆"を表現しているという。1981年から24年間使用してきた旧ロゴを一新した背景に「『顧客の価値観の変化に合わせて経営・事業の内容・形態をスピーディーに変えていく』という企業姿勢を明確に表現するため」（同上のプレスリリース）としている。

コクヨグループの中で文具を扱うコクヨS&T株式会社では、コクヨ100周

図表7-1 コクヨグループの新コーポレートロゴ（上）と新ロゴマーク（下）

KOKUYO

出典：コクヨ株式会社　2005年9月26日のプレスリリース
http://www.kokuyo.co.jp/press/news/20050926-458.html

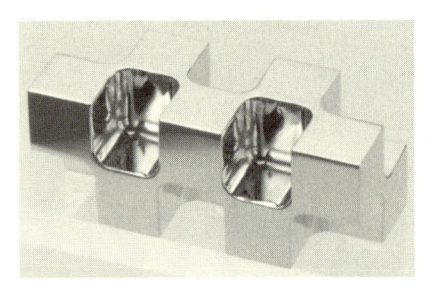

写真7-1 「ピカドケシ」
出典：コクヨ株式会社　プレスリリース2005年12月27日 http://www.kokuyo.co.jp/press/news/20051227-518.html

写真7-2 カドケシ外観

年大感謝祭のキャンペーンのトップ賞品に純金製カドケシ「ピカドケシ」（純金製約 200g。**写真 7-1**）を充てるなど、カドケシは中心的な取り扱いとなっている。カドケシはコクヨにあって、750 万個を販売する（2006 年 11 月時点）大ヒットの消しゴムであり（**写真 7-2**）、特別の扱いが成されていることも納得できる。

以下、カドケシのヒットを分析する。

7.1 文具業界とコクヨの現状

消しゴムは、成熟した商品であり、販売増が期待できない商品と考えられる。PC の普及により、鉛筆で文字を書く機会が減っており、**図表 7-2** に示すように、鉛筆・シャープペンシル自体の需要が減っている。機能面だけからいえば、鉛筆の需要が伸びていない状況で、消しゴム全体の需要が伸びることは考えられないからである。

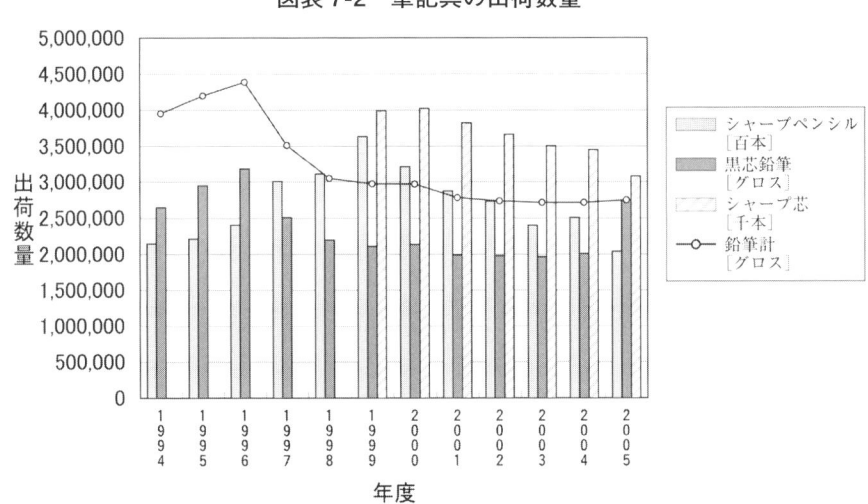

図表 7-2 筆記具の出荷数量

注：2005 年から黒色鉛筆単独のデータがなくなり、色鉛筆と黒色鉛筆を合わせて鉛筆としてある。消しゴム単独のデータはない。
出典：http://www.jwima.org/top.html 日本筆記具工業会『筆記具統計 1994 年〜 2005 年』より筆者がグラフ化した。シャープ芯のデータは 2000 年から記載してある。

また、消しゴムといえば三菱鉛筆株式会社の uni、株式会社トンボ鉛筆の MONO が定番であり、コクヨの消しゴムはカドケシ発売当時それほど目立っていなかった。

7.2 カドケシの開発

まず、カドケシの開発の流れをみると、以下のようになる（各年月のコクヨ プレスリリースによる）。
- ・2002 年 7 月　コクヨ・デザインアワード 2002 で入賞
- ・2003 年 5 月　カドケシ発売　白のみ
- ・2004 年 2 月　カドケシ黄・青・ピンク・緑　発売
- ・2004 年 8 月　カドケシプチ　発売
- ・2005 年 5 月　累計 200 万個　販売
- ・2005 年 10 月　累計 250 万個　販売
- ・100 周年記念で新たに 20 色を販売[27]
- ・2006 年 11 月　累計 750 万個　販売

開発は、公募展コクヨ・デザインアワード 2002 での入賞作品からスタートした。出品者が当時、衛生陶器メーカーのインハウスのデザイナーであった神原秀夫氏（現、株式会社電通。以下、神原デザイナー）であった点も話題となった。デザインは提案作品がほぼそのまま採用されているので、デザイン面ではプロダクトアウトの商品といえる。神原デザイナーは、何かそれまでの消しゴムに対して具体的な不自由さを感じていたのだろうか。その問いに対して、以下のように答えている。

> そこまで、**不自由さは感じていませんでした**。カドケシを思いつくまでは「消しゴム 1 つにカドは 8 個しかない」という固定観念はありましたから。ただ **UD 商品**というと「持ちやすい」「見てすぐわかる」「とじやすい」という「操作に関する」ことをうたった商品が多いと思います。

それはそれで大切だと思うのですが、少し視点を変えて、モノが効果を発揮する瞬間を使いやすいようにデザインできないだろうかと考えました。そういった「使用に関する」提案ができないかということです。応募するなら人とは違う切り口のモノを出したいという気持ちもありました（神原秀夫氏談。コクヨ ホームページ　エコ＆ UD　Vol.07「カドケシ」商品化記念対談　http://www.kokuyo.co.jp/eco_ud/ud/search/07a.htm）。

これから分かるように、カドケシは通常の商品と異なり、デザインアワードの入賞作を商品化したという特殊ケースといえる。

7.3　カドケシの機能と便益

従来のマーケティングミックス 4P でカドケシを分析する。図表 7-3 に示すように、PRODUCT と PROMOTION に特徴がある。

7.3.1　PRODUCT

カドケシは、図表 7-3 に示すように、カドにより細かいところを消せるという機能を、カドの数を増やすことで高めるという画期的な商品である。従来の事務用消しゴムは六面体でありカドは 8 個と決まっていたが、カドケシでは、

図表 7-3　「カドケシ」の 4P 分析

4P	「カドケシ」の分析内容
PRODUCT	ユニークな外観デザインで、細かい所を消しやすい 28 個のカドを創った。当初は白 1 色の 1 品
PRICE	若干高めの 157 円（カドケシプチは 2 個で 157 円）
PLACE	文具店、ネット通販（通常の消しゴムと同じ）
PROMOTION	・マス媒体の広告なし ・自社主催の公募展での入賞作品の話題 ・ニューヨーク現代美術館での取り扱いの話題

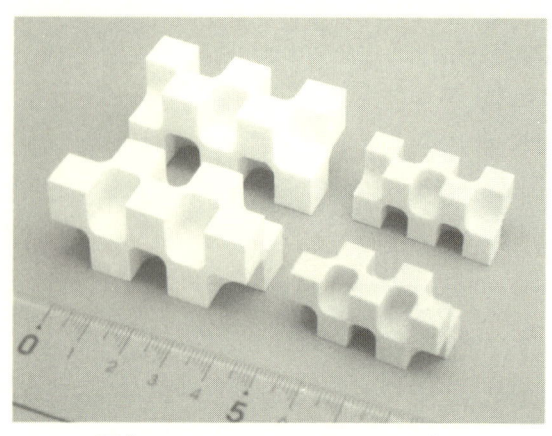

写真 7-3　カドケシとカドケシプチ

10 個のキューブを組み合わせた独特の外観デザインで、28 個のカドを創りだした。

　カドケシは、消字力（カスが本体に残らず、紙にもつかず、まとまること）という消しゴムの基本的機能を十分満たしている。この基本的機能を満たしている点が重要である。鑑賞用のオブジェや、いわゆるイロモノ文具（マニアの間では"イロブン"と略されている）と異なる要素である。

　材質は、スチレン系エラストマー樹脂 100％であり、塩ビ系の消しゴムに比べて、"環境に優しい＝ユニバーサルデザインである"とコクヨは強調している。

　また、色は、売り場で目立つより、基本機能である消す機能を表現するため、当初は、無模様・白で設定した。いわゆるイロモノ文具と一線を画するためである。

　2004 年 2 月に新たに黄、青、ピンク、緑を投入し、2004 年 8 月には顧客の「ペンケースに入れば」という要望に応えて、**写真 7-3** に示すようなカドケシプチ（価格は 2 個で 157 円）を投入した。

　また、**写真 7-4** に示すように、スリーブ（消しゴムのカバー）にも特徴がある。従来の消しゴムが紙製のスリーブであるのに対して、中身が見える透明樹脂製のスリーブである。さらに、スリーブ表面に点が印刷されており、この点

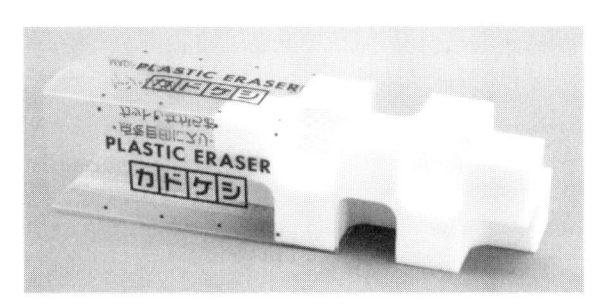

写真 7-4　カドケシとスリーブ

がカドの大きさに一致しているため、カドケシを使って小さくなった場合に、点に合わせてスリーブを切断すれば、スリーブをちょうど良い大きさにすることができる。また、キューブは一辺 1 センチである。神原デザイナーによると、1 つのキューブを 1 センチにしたのは、1 センチ角のサイズを覚えてもらいたいという思いと定規としても機能させたいと考えたからだという。

ただし、カドケシの細かい所を消すという機能から見ると、"常に"卓越したものとはいえない。写真 7-5 のように、カドは使えば当然丸くなる。

製図用途では、写真 7-6 のように細い棒状のノック式、あるいはガムのような板状の外観デザインの消しゴムが"常に細かいところを消せる"という機能を実現させている。

カドは 28 個あるが、最初から使えるカドは 12 個しかない。また、「一体消ゴムはだんだんに小さくなって行くものだが、どこまで使えるのだろうか。(中

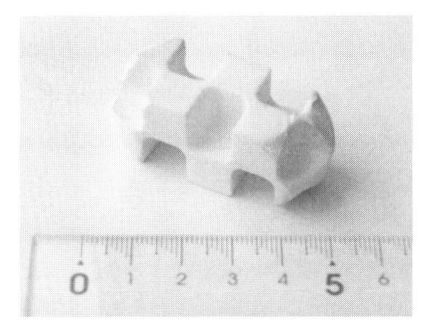

写真 7-5　使われてカドが減ったカドケシ 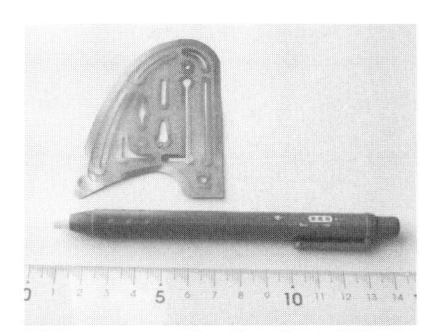　　写真 7-6　ノック式の消しゴムと字消し板

149

略）使おうと思えば、まだ十分に使えるのに、なんとなく姿を消してしまう。（中略）消ゴムの老衰して行った本当の最後を見届けるのは、実に困難なことである」[28]と串田孫一が著書『文房具56話』でも述べているように、もともと消しゴムという商品は最後まで使われることが少ない商品とも考えられる[27]。

7.3.2　PRICE

　価格は、一般の消しゴム（通常100円程度以下）より多少高い157円である。これを「5割も高い」と考えることも可能ではあるが購入をためらうほど高価というわけではない。

7.3.3　PLACE

　販売ルートは、通常の消しゴムと同様の文具店・インターネットサイトであり、一般の消しゴムと同様と考えられる。

7.3.4　PROMOTION

　コクヨのホームページによると、マス媒体での広告は1度しか行われていないようである。2004年11月9日付日本経済新聞朝刊に掲載された広告がそれだ。

　一般の消しゴムの商品パッケージがスリーブのみであるのに対して、**写真7-7**のように、特別のプレートを付けて、「カドがたくさん！　細かく消すのに便利」と特徴を表示させている。通常の消しゴムは売り場で箱詰めされて販売されているが、カドケシではこのパッケージにより、吊り状態でもディスプレイできるようになっており、目立たせている。とりわけ、コンビニでのディスプレイが一般に吊り状態であるので、有効である。

　また、ヒットが始まった後は、
- 『日経デザイン』日経BP社　2005年1月号「Under40デザイナー、この40人に注目」
- 『Telecom Forum』2005年2月号
- 『DIME』小学館　2004年12月16日号

写真 7-7　カドケシのパッケージ

- 『週刊現代』講談社　2004 年 10 月 09 日号「カドケシ—先入観を徹底的に排除することから始めた」
- 『週刊東洋経済』東洋経済新報社　2005 年 2 月 12 日号「マーケティングの達人に会いたい／コクヨ・カドケシ」

で取り上げられ、いわゆるパブリシティの効果を得ている。

7.4　経験価値の枠組みによるカドケシの分析

　このように、従来の機能と便益に基づいたマーケティング・ミックスの4P分析では、ある程度機能は優れているが、目立った広告もせずに、顧客の趣味に合わせたバリエーション豊かな配色をするのではなく"白の1品"でヒットを続けてきた事実を充分に説明できない。

　コクヨ側では「コマーシャルなどは一切行わなかったのですが、その人気は口コミで広がっていきました」(『Telecom Forum』2005 年 2 月号 p.30「ヒットタウン　これが我が社の大ヒット」より　http://www5.ocn.ne.jp/~uchiyoda/1telecom/tele_forum.html)と述べて、ヒットの原因を"クチコミ"としているが、どのようにしてクチコミが発生しているのか、コメントしていない。

　そこで、カドケシのヒットの理由を経験価値という切り口で分析する。

図表7-4　シュミットのSEMと「カドケシ」の経験価値

戦略的経験価値モジュール	「カドケシ」の経験価値
SENSE (感覚的経験価値)	・ユニークな形と白い色 ・ごつごつした感触／商品名の響き
FEEL (情緒的経験価値)	・カドを使う喜び ・消えたカドが再び現れる期待感 ・形が与える驚きの感覚
THINK (知的経験価値)	・「次々にカドが現れる」に寄せる好奇心 ・公募展デザインアワードの入賞作品への興味
ACT (行動的経験価値)	・持つことの優越感 ・勧められた人が感動する喜び
RELATE (関係的経験価値)	・ニューヨーク現代美術館での評価の共有 ・ユニバーサルデザインへの関わり ・小学校での消しゴムの記憶の共有

7.4.1　戦略的経験価値モジュールSEMでの分析

　図表7-4にシュミットのSEMの各モジュールのカドケシの経験価値を示す。

　感覚的経験価値（SENSE）については、キューブを10個連結したユニークな形と白い色が斬新さや審美感があげられる。また、握ったときのごつごつした感触や商品名"カドケシ"の響きが心地よさを生じさせる。

　情緒的経験価値（FEEL）については、たくさんカドがあるのでカドを堂々と使うことができる喜びや、最初に使ってカドが消えてもカドが再び現れる期待感、形が与える驚きの感覚があげられる。

　知的経験価値（THINK）としては、「次々にカドが現れる」「次々にカドが生まれる」というパッケージなどの表示に寄せる好奇心に基づく。好奇心は、公募展デザインアワードの入賞作品への興味からも生じる。

　行動的経験価値（ACT）については、カドケシを持つことの優越感や、カドケシを人に勧め、勧められた人が感動することによる喜びがあげられる。

　関係的経験価値（RELATE）については、ニューヨーク現代美術館で評価されたカドケシを使うことで"素晴らしいデザインが分かるやつ"という仲間意識の共有があげられる。

ユニバーサルデザイン（UD）と関わることで、共に環境に貢献する一体感が生じる。さらに、小学校での消しゴムの記憶を共有することで、仲間意識、一体感が生じる。

7.4.2 経験価値プロバイダーごとの分析

続いて、経験価値プロバイダー ExPro ごとの経験価値を分析する。

10個のキューブを結合した独特のデザインがもたらす視覚と手触りが心地よさを実現している。これが、SENSE、FEEL、THINK に結びついている。

カドケシの登場による話題性が物語となっている。これは、FEEL、RELATE と結びついている。コクヨ社のデザインアワード2002という公募展から企画がスタートしたこと自体が話題となった。

また、発売後にも外観デザインが話題となり、前述のように、マスコミでも多く取り上げられたことと併せて、経験価値創造 – 販売拡大に拍車がかけられた。各種の賞を受賞したが、それは例えば、以下のものがある（コクヨ プレスリリース、2005年10月3日）。

- 2003年グッドデザイン賞
- 現代日本デザイン100選展　入選（主催：国際交流基金）
- ニューヨーク現代美術館「Humble Masterpiece」で122点の一つとして展示
- ニューヨーク現代美術館のミュージアムショップで取り扱い
- ミラノ見本市での展示　2004年1月30日〜2月2日
- ニューヨーク現代美術館デザインコレクションに選定

カドに対する想い出・記憶が、現実の生活・ネット上で語られ伝播している。これは、THINK、RELATE に結びついている。

検索エンジン Google で「コクヨ　カドケシ　デザイン」で検索すると23,000件を超え（2006年12月21日）、個人のサイトにも多く掲載されている。また、コクヨのサイトでも寄せられたアンケート結果の感動体験が公開されている。

特に、「カドはいざというときにとっておいた」「新品の消しゴムを友達に使

われ、けんかになりかけた(泣いた)」「カッターで削ってカドを作っていた」「感動してカドケシを自作した」とカドケシとの出会いや、小学校時代の「消しゴムのカド」など、カドに対する想いが、語られ交流されている（この点は次に詳しく分析する）。

また、カドケシを持っているか否かがステータスシンボルに近い感情を生んでいる。これは、ACT に結びついている。

7.5　カドケシのデザインと記憶と経験価値

7.5.1　消しゴム体験の記憶の伝搬

ネット上で、カドにまつわる消しゴムの記憶、消しゴム体験を見る（いずれも検索閲覧 2005 年 5 月 29 日）。

　「誰もが一度は『消しゴムにもっとたくさんのカドがあったらなァ』と思ったことがあるに違いない。細かいところまで消すことのできる消しゴムの"カド"は、それ自体が一種のステータスシンボルである」(出典：ケータイ　WATCH　カドがなんと28個！ユニバーサルデザインの「カドケシ」http://k-tai.impress.co.jp/cda/article/todays_goods/16401.html)

　「細かいところを消したいというニーズがあったといえる。ステータスシンボルは大袈裟であろうが、確かに持っていることによる安心感はあるように思う。数年前にこの商品が発表されたときには『面白い〜！』と思わず唸ってしまったのを憶えています。シンプルで機能的！　なんとな〜くユーモラス！　既成概念が見事にとっぱらわれている！　という点で、素晴らしいデザインかと」(出典：OutLogic, Inc.「日々、デザイン」ブログ　http://www.outlogic.co.jp/modules/simpleblog/view/3.html)

　「使いつづけても次々と新しい角が現れるので、細かい場所も消しやすいのが最大の特徴です。たしかに子どもたちに聞いてみると、『消したいところだけ消せるのがいい』『角で消すと力を入れずにすむから楽』と、

とても好評です。なかには『かわいくておもしろいデザインが好き』と言う子もいます。漢字をおぼえるのが好きという岐阜県の小6生は、『まちがえて書いたときでも、へんやつくりをべつべつに消せるからとっても便利』と話しています」(出典：「【週刊】ビジネス情報誌から読み解くマーケティングトレンド」カドケシにみる"洗練された商品性"『R25』2004年7月23-29日号 p.9　http://backno.mag2.com/reader/BackBody?id=200407270930000000123039000)

　このサイトでの情報のように児童生徒への普及も大きいと考えられる。サイト上では大人の情報しか出てきていないが、消しゴム本来の顧客である児童生徒が大きいはずである。ある小学校では半数以上がカドケシを使っている事実や、家庭教師の大学生が生徒からカドケシを教えてもらったという事実からもその実態がうかがえる。

　カドケシの場合には、さらに、商品と自分との間に物語が語られるのである。デザインのユニークさでは、その形に感覚（感性）が一致する顧客であれば、購入すると考えられる。しかし、750万個のヒットに結びつくためには、深い感動と連鎖的な購入行動が必要である。

　「新品の消しゴムを友達に貸したらカドを使われてしまい、ケンカになりかけたという経験をお持ちの方も多かろう。細かい作業をするために消しゴムの末端をカッターで切断して新しいカドを作る、なんてワザもあったっけ。(中略)消しゴムにたくさんのカドをつけたいという願いをストレートに表現した、冗談とも本気ともつかない形状の製品だ」(出典：ケータイ　WATCH　カドがなんと28個！ユニバーサルデザインの「カドケシ」　http://k-tai.impress.co.jp/cda/article/todays_goods/16401.html)

　「"隣の席の子に消しゴム貸したらカド使われて心で泣いた"小学校エピソードの定番として語られるこの悲劇もカドケシのある今はもう伝説

でしかない。あれほどカドに固執しながら、どうして小学校の時に考えつかなかったんだろう。"カドのいっぱいある消しゴムを作ろう"って。カドケシというすばらしい発想へのリスペクトと嫉妬を込めて、今回は普通の消しゴムからカドケシを自作します」（出典：@ nifty daily portal コネタ 480 カドケシを自作する。http://portal.nifty.com/koneta05/03/14/01/）

やはり、消しゴムの思い出は小学校である。最初の自分の所有物であった鉛筆や消しゴムを大事にしていた小学校時代の生活にだぶらせている。この顧客は、感動のあまり、普通の直方体の消しゴムを削って"カドケシの形"を自作し、その過程をサイトで公開して物語を語ってしまっている。

「いつも通っている病院に行ってきたのですが、医者の机の上にこの消しゴムがコロンとあったのです。(中略)『その消しゴムはなんですか？』と、聞いたが最後。えーそりゃもう、それまで冷静の極みであった医者が急に気色ばんで怒濤のハッピートークを語られてしまいました。（中略）ここんとこ有名とか。やーそうだよねー消しゴムってカドが丸くなるのがやだもんねー。と共感。(中略) 150 円の消しゴムにこれだけのイバリと、満載の実用的アイディア。(中略) 医者、興奮しすぎて後の患者が渋滞を起こした上、肝心の病気の説明を途中でやめる本末転倒さ。てめーというヤツわ。っと思いつつもこういう日常品でエっというアイディアがある商品に男は弱いモノだとつくづく思いつつ、さっそく買いたいわけでございます（バリバリ洗脳)」（出典：パームボンチメロウライフ 2005 年 02 月 08 日「150 円の革命を語り尽くされる。」 http://tin.hippy.jp/bonchi/blog/archives/2005/02/150.html）

カドケシは細かい文字を消せるという機能を超えて、外観デザインが一人歩きしたとも考えられる。この患者のように、カドケシファンの医者から感動

を伝えられ、この感動を他の人に伝えていることが想像できる。サイトで物語を語るように、カドケシ顧客が日常生活の雑談、飲み会の場でも同様に、物語を語っていることも予想できる。

7.5.2 クチコミの発生

このようにサイト上で見る限り、いわゆるクチコミが発生して有効に伝播していったと推定できる。

前述のようにカドケシはマス媒体での広告が極めて少ない。当初は、二瓶のいう第1のポイント"情報処理が十分にできない"状況と、第2のポイントの"自己関与度が高い"状況であった[12]。数々の賞を受賞し、ニューヨーク現代美術館で展示され、マスコミでも取り上げられ始めた後、第3のポイント"パブリシティ効果"という条件も満たしている。

また、商品としてみても、ローゼンのいう消費者に高い関与性をつくり出す製品の条件、①エキサイティング型の製品　②革新的な製品　③経験型の製品　⑥目に見える（可視性）の製品　の各条件を満たしている。さらに、バズを生じさせる正しい製品として、①品質の高い製品やサービスを提供している製品　②使った人の生活は良くなる製品　③人から見られる製品　④新しさのある製品　を満たしている[16]。

7.6　まとめ

カドケシの独特のデザインが、SENSE、FEEL、THINK を中心として、ACT、RELATE を含めた各経験価値創造に寄与していた。シュミット[7]の ExPro という視点では、デザイン、パッケージ、ネーミング、記憶などが経験価値の創造に大きな役割を果たした。

カドケシのデザインをノーマン[11]の三要素に対応したデザインで分析する。本能的デザインは見た目で、第一印象に関わるデザインである。また、行動的デザインは機能が最優先で、使いやすさ、使うことの喜びに関わるデザインである。また、内省的デザインは、自己イメージ、満足感、思い出、物語に関わ

るデザインである。したがって、カドケシのデザインは、以下のように対応すると考えられる。

- 本能的デザイン＝"キューブを10個連結してカドを創り、凹みがあるデザイン"
- 行動的デザイン＝"白い色と消しゴムらしい質感、ちぎれそうにない適度の硬さ、使えるカドがあるデザイン"
- 内省的デザイン＝"圧倒的に多い28個のカド"

であった。このノーマンの三要素を満たしたデザインにより、経験価値の創造に寄与していた。

また、カドケシで、本能的デザインはSENSE、FEELに関連し、行動的デザインは、SENSE、FEELに関連し、内省的デザインは概ねTHINK、RELATEに関連していた。

カドケシは、ノーマンのデザインの3つの要素を具備し、シュミットのSEMのいずれの要素も具備している。カドケシはトータルで経験価値の創造が成されて、750万個を超える販売を記録した。ステーショナリー事業自体が成熟産業であり、消しゴムをはじめ、文具の多くは成熟商品となっている。成熟商品にあっては、内部で新たなコンセプトを見つけ出すことが難しいと思われる。

カドケシ提案者の神原デザイナーは、

> 多くの場合、既存商品の悪いところを改善しようとする。むしろ、良いところを伸ばしていく、気持ちいい部分を増やしていくという発想

とカドケシのコンセプトを語っていた[29]。

消耗品である文具・消しゴムでは、他社で画期的な商品が出現して市場が奪われない限り、少なくなっているものの、ある程度の販売量は見込まれる。したがって、商品自体と真剣に向き合う機会が薄れている。

カドケシと向かったとき、消しゴムの生産に"非常識な"金型が必要なこと

が分かったという。"常識"では、消しゴムは、押し出し成形で作るのが当たり前であったからである[27]。通常の事務用の消しゴム（イロブンに属するようなキャラクター系の消しゴムは、金型で作っていると思われる）の新製品は、成分に工夫をして、押し出し成形のノズルの形状を変化させることしか、発想できないのである。

第8章

ケース：バンダイ エンターテイメント・オーディオ「リトルジャマー」

株式会社バンダイ「リトルジャマー」は玩具を超えた"エンターテイメント・オーディオ"である。大人の男性という新たな顧客層を開拓し、累計6万台を超える販売をした商品だ。

　バンダイでは、シリーズ第5弾でLITTLE JAMMER PRO. tuned by KENWOOD（**写真8-1**）の製品発表会を、2006年3月2日に東京・青山のブルーノート東京で、スイングジャーナル誌編集長の三森隆文氏やジャズトランペッター日野皓正氏らを招いて開催した。

　本ケースでは、ヒアリング時点では発売されていなかった第5弾の前の4機種を中心に分析する。第1弾（初期。販売完了）、"第1弾"のメカニックな機構をベースにデザインと音質とを大幅修正した第2弾（meets KENWOODバージョン、**写真8-2、8-3**）、第2弾の音質をベースにデザインを部分修正したSWING JOURNAL edition（ほぼ販売完了）、第2弾の音質をベースにデザインを大幅改変したPEANUTS JAMである。

写真8-1　リトルジャマー PRO. tuned by KENWOOD
写真提供：株式会社バンダイ

第8章 ケース：バンダイ エンターテイメント・オーディオ「リトルジャマー」

写真 8-2 リトルジャマー"第2弾"の全体構成写真

A ウッドベース
B サックス
C ギター
D ドラム
E ピアノ

写真 8-3 リトルジャマー"第2弾"の各パートの人形のデザイン

163

8.1 玩具業界とバンダイの現状

　玩具業界（テレビゲームも含む）ではここ数年再編が続いている。2003年のスクエアとエニックス、2004年のセガとサミーの経営統合に続き、2005年も5月2日にバンダイとナムコの経営統合が発表され、5月13日にタカラとトミーの合併が発表された。これで、紆余曲折を経た再編が一段落した。『トイジャーナル』（2005年6月号）は、合併の背景について、以下のように報じた。「その流れを作り出しているものが『厳しい経営環境』や『市場の伸び悩み』や『少子化』『激化する競争』『開発費の高騰』等々にあることは、今回の一連の報道でマスコミが繰り返し指摘した通りであろうし、もう一つ、『コンテンツ（キャラクター）の開発・確保競争』や『IT社会のさらなる進化を背景にしたネット事業の拡大と可能性の大きさ』を起点にした、『業界・業種を越えた提携やネットワークづくり』という背景も極めて大きな原動力になっていることも間違いない」。また、「エンターテイメント産業の新しい可能性の追求」と「新しいエンターテイメント市場の創出」が業界再編のポイントであると指摘している[30]。

　このように、業界の危惧を象徴するのが**図表 8-1** である。平成 16 年度の経済産業省統計速報によれば、玩具・娯楽用品の販売額が統計を取り始めて、初めて減少した。玩具業界では販売額の減少について、「長引く消費の低迷で、小売業全体も 1.4％減少しているが、玩具・娯楽用品の 14.1％減少というのは落ち込み幅が大きい部類といえ、厳しい実態が浮き彫りになった」と分析している[31]。

　また、社団法人日本玩具協会の 2005 年度(2005 年 4 月 1 日～2006 年 3 月 31 日)「玩具市場規模調査」によれば、6,975 億円（市場ベース。テレビゲーム関連を除く）で前年度比 98.3％であり、微減には留めたものの、3 年連続で前年度実績を割り、調査開始以来初めて 7,000 億円を下回ったという。対して業界では、2 つの方向性「対象年齢の巾を 0 歳児からシルバー層まで広げる」「従来の業界・業種の壁を乗り越える」で市場拡大に努力している、と報じている[32]。

　バンダイの上野和典社長も、経営統合後にインタビューで「バンダイもナム

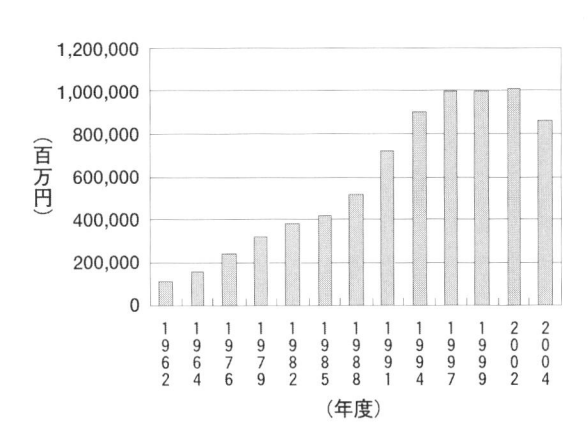

図表 8-1　玩具・娯楽用品（商店）販売額実数

出典：『トイジャーナル』[31] 2005年7月号のデータより筆者グラフ化

コさんもスタンドアローンで十分やっていけると思います。ただし、10年先、20年先を考えてみた時に、エンターテイメント業界がどうなっているかわかりませんし、今までのやりかたでいいのか、という将来に対する危機感がお互いにあって、経営統合を決めたわけです」と発言しており、新たな市場の創出を模索していることがうかがえる[31]。

このような中で、とりわけリトルジャマー（LITTLE JAMMER）は、バンダイの中で「ターゲット層の拡大・少子化が進む中で、幅広い年齢層に向けた商品展開により、（中略）さらにはジャズブーム世代をターゲットにしたLITTLE JAMMERなど大人のニーズも満たす商品展開を行っています。」（バンダイ『アニュアルレポート 2004』p.8）と位置づけられており、新たな市場を見すえた商品と言える。

8.2　リトルジャマーの開発－原価低減プロジェクトから新規事業へ

まず、商品開発の流れを時間を追ってまとめる。
2003年3月　第1弾　発売（写真8-4）

2004年2月　第2弾　meets KENWOODバージョン発売（写真8-2、8-3）
2004年12月　SWING JOURNAL edition 限定発売（写真8-5）
2005年6月　PEANUTS JAM発売

"第1弾"は1万台を販売し、2006年2月末時点で4機種あわせてシリーズ累計6万台を販売した。各バージョン、エディションの開発の流れは新カテゴリー商品の開発として後述する。

商品開発のスタートは、商品開発とは別に計画されていた"全社横断原価低減プロジェクト"の実験的な取り組みが、実際の商品になった。"全社横断原価低減プロジェクト"は、源流からコストを検討したモデルケースである。

同社技術開発室の中荒井浩マネージャー（当時。以下、中荒井マネジャー）は、原価低減プロジェクトに所属し、自らの想いを企画してリトルジャマーを生み出した。リトルジャマー生みの親とも言える中荒井マネジャーは、当初のプロジェクトの目的について、"クリエーティブなイメージのあるバンダイのような会社で、原価低減プロジェクトはなじまないのではないか"という質問にからめて、以下のように述べている。

> そういう面（＝クリエーティブな玩具分野で原価低減はそぐわない面）も確かにありますが、プロジェクトで対象としていたのは、ロングランの商品です。リピート生産を繰り返す中で、コストを下げていくということです。そちらが一番の目的でして、もちろんそこでいろいろ汎用部品のリーズナブルなコストが情報として持てれば、今度は新製品の時にも、それをベースにした見積もりと販売計画ができるということになります。（中荒井マネジャー、2005年12月9日に東京都台東区のバンダイ本社にて長沢と筆者（山本）が行ったヒアリングより。以下同じ）

このように、プロジェクトでは当初からロングラン商品の開発を想定した原価を分析しており、結果として、リトルジャマーは格好のモデルとなった。

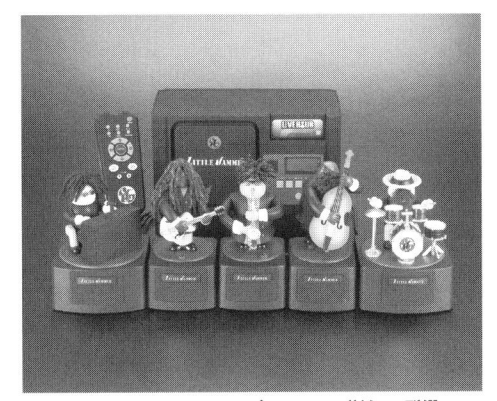

写真 8-4　リトルジャマー "第1弾"
写真提供：株式会社バンダイ

写真 8-5　リトルジャマー SWING JOURNAL edition
写真提供：株式会社バンダイ

　中荒井マネジャーが原価低減プロジェクトの中で、実際の商品を開発することになった経緯について、以下のように述べている。

> 　現役でやってないと、なかなか情報が正確には入らないと感じました。そこでモデルとして開発を1つ進めながら、原価低減プロジェクトを進めていくことになりました。

> 初めの1年間は、販売を担当する事業部が決まっていない中で、開発を進行させていました。リトルジャマーは、そもそも開発をやらないはずの原価低減プロジェクトから出てきたものだったのです。開発スタートから8カ月後くらいに最初のプロトタイプが完成し、社内の各セクションにプレゼンテーションしましたが、受け皿はみつかりませんでした。
> それでも当時の担当役員は「必ず何らかの形で発売する」という強い意志を持って開発の継続を後押ししてくれましたが、大人向け高額商品というジャンルに対して、皆、慎重になっていました。(中荒井マネジャー)

すなわち、リトルジャマーは本来であれば、単なる原価低減のモデルケースにすぎなかった。

中荒井マネジャーによれば、リトルジャマーは通常の商品に比べて7～8倍の開発費を要していたようである。高額な開発費を考えれば、顧客も見えない、トイの流通も使えない商品である。営業会議に出されれば、"待った"がかかったであろうという点では、ヒアリングしたバンダイの3名とも同じ見解であった。しかし、リトルジャマーの企画は進められた。この背景を中荒井マネジャー、同社新規事業室マーケティングチームの車古光一マネジャー（当時。以下、車古マネジャー）は次のように述べている。

> （担当役員が）開発経験の長いキャリアを持つ役員だったものですから、本人の中の判断基準に適合していたということだと思います（中荒井マネジャー）

> 当時、社長を筆頭に「長期経営計画の中で、エクスパンジョンを目指しなさい」「コア・コンピタンスのものを売りなさい」と言われていました。だけどもう当時の厳しい時期は脱したので「次は拡大しなさい、拡張しなさい」という会社の方向性がありました。だから、**多分そういう素地**

(=リトルジャマーの開発を受け入れる素地）はあったと思います。(車古マネジャー）

　したがって、リトルジャマーの商品開発を受け入れた背景には、会社の方向性はあったものの、その方向性を読み、リトルジャマーの価値を見通して、意思決定をした役員の存在が大きいと考えられる。バンダイにおける通常の商品開発の意思決定は、主に事業部ごとで進めていたようである。
　その後、リトルジャマーは、原価低減プロジェクトを離れて、新規事業室が担当して商品開発を進めることになったのである。
　しかしながら、流通を含めて、市場をつくる困難性は依然として続いていた。それが実現できた理由について中荒井マネジャーは次のように述べている。

　　結果的に新しいビジネスモデルにチャレンジする新規事業室が担当するのですから、流通など、従来のものに当てはまらなくても、やる価値があると判断できたのだと思います。(中荒井マネジャー）

　つまり、事業部の開発ではなく、新規事業室での取り扱いとして商品展開ができたわけである。
　このような開発経緯をたどったリトルジャマーであるが、"バンダイ的な商品か否か"との質問に対して、車古マネジャーは次のように述べている。バンダイの性格を垣間見る発言であった。

　　意思決定要素からいって、いたってバンダイらしくないと思います。一方、こだわるということに関しては、とてもバンダイだと思います。開発の経緯と、あと世の中に出てからの経緯については、バンダイらしいと多分言えない商品だと思います。(車古マネジャー）

8.3 リトルジャマーの機能と便益

　以下、これからリトルジャマーを商品展開すると仮定し、従来のマーケティングミックス 4P で、PRODUCT、PRICE、PLACE、PROMOTION の順に分析する。4P での分析結果を**図表 8-2** に概括して示す。

　前述のようにリトルジャマーは原価低減プロジェクトのモデルケースとして開発がなされた商品であり、価格・機能等のバランスが重要であったと考えられ、それが商品に反映されている。

　ここでは、現行の第 2 弾 meets KENWOOD バージョンに主に焦点をあてて分析する。

8.3.1　PRODUCT

　まず、商品構成であるが、ベース、ギター、サックス、ドラム、ピアノのクインテット（5 人）のプレイヤーの人形（フィギュア）とコントロールボックスとからなる。各人形はそれぞれ台座の上に乗っている。台座にはスピーカーが組み込まれ、その人形が演奏するパートの音のみが台座のスピーカーから流れる。各台座からのコードがコントロールボックスに接続される。コントロールボックスは、音源のカートリッジを差し込むとデータを読み取り、各パー

図表 8-2　「リトルジャマー」の 4P 分析

4P	「リトルジャマー」の分析内容
PRODUCT	・玩具としては優れた音質 ・GSS により動きと演奏のリアルなシンクロ ・細部にこだわったプレイヤーの外観デザイン ・増えてきた商品バリエーション
PRICE	・玩具としては高価な 21,000 円
PLACE	・玩具店・機内誌などの通販・ネット通販
PROMOTION	・マス媒体での広告なし／タイアップ雑誌での企画広告 ・ホテルとのタイアップ企画

トにデータを送る。またコントロールボックスには低音用のスピーカーが取り付けてある。

　仕組みとしては、カートリッジにMIDIの音符一つ一つの情報に基づいて忠実にアクション情報が保存され、この情報に基づき、GSS（グループ・シンクロ・システム）により、演奏される音楽とスイングするプレイヤーがこれまでにないリアルな動きをする。例えば、ピアノは低音再生の場合には左手が鍵盤をたたくように動き、高音再生なら右手が動き、首を振り、右足はベースの音と同期を取りリズムを表現している。

　音質は、各プレイヤーの台座部分から発せられる各プレイヤーのパートの音、コントロールボックスからの低音は玩具を超えたものである。2004年2月の第2弾ではケンウッドのチューンナップでさらに磨きがかけられた。

　人形のデザインは、第1弾ではややコミカルに（**写真8-4**）、第2弾ではややシリアスに（**写真8-2**、**写真8-3**）、いずれも細部までこだわっている。

　しかし、写実性という点からはバンダイの人形製作技術からすれば、もっと完璧に仕上げることも可能であったはずであるが、そこまで仕上げていない。

　こうしてリトルジャマーは、商品バリエーションをそろえてきた。前述のように、2004年12月には限定販売の"SWING JOURNAL edition"（ほぼ完売。**写真8-5**）、2005年6月には"PEANUTS JAM"（プレイヤーがスヌーピーと仲間たち）を発売した。また、ゲストプレイヤーとしてトランペッター、パーカッショニストをそろえて、コントロールボックスに1体のみを追加接続できるようになっている。

　ROMカートリッジも14種類（2006年11月22日現在）になっている。リトルジャマーを音楽の演奏器と捉えるならば、多くのROMカートリッジを提供することが満足につながる。しかし、リトルジャマーのROMカートリッジは、編曲してパートごとのデータを作成しなければならないので、技術的にもまた著作権の調整も含めて、大量に作成できるものではないと思われる。

8.3.2　PRICE

　第1弾、第2弾で共に、21,000円であり、玩具としては極めて高価である。SWING JOURNAL editionでは、ゲストプレイヤーであるトランペッターと特製カートリッジをつけて、さらに高価な37,800円となっていた。

8.3.3　PLACE

　販売チャネルとしては、航空機（JAL）の乗客用の通販から始まった。バンダイでは、商品は出来たが、顧客がどこにいるか分からない中で、トイの流通を使用できなかったのである。その後、玩具店等の店頭と機内誌をはじめとした通販、インターネットサイトに展開している。車古マネジャーと同社新規事業室企画開発第二チームの仲山拓也リーダー（以下、仲山リーダー）は次のように述べている。

> 　初代のジャマーの段階で既に4割がた通販のチャネルでした。（車古マネジャー）
>
> 　どちらかといえば、男性向けのライフスタイル提案型のカタログ通販誌なんかは実際、効果が高いです。（仲山リーダー）

　当初から通常のおもちゃ売り場には並べもしなかったそうであり、その理由として、仲山リーダーは次のように述べている。

> 　結果的にターゲットが来ない売り場だと売れません。（中略）
> 　（子供のおもちゃを買いに来たついでにオヤジが買うのではという質問に対して）そういうケース（＝別の商品で）は確かにありました。ただ、効率よく伝えていこうと思い、そういった男性が多く立ち寄る売り場に並べました。（仲山リーダー）

8.3.4 PROMOTION

マス媒体での広告は、機内誌を中心とした通販広告以外はなされていないようである。ただし、『SWING JOURNAL』誌ではタイアップ企画・広告が2回ほどなされている。

コラボレーション企画として、2004年12月〜2005年3月セレスティンホテル（東京都港区）、高級ホテル旅館予約サイト・一休.comとの共催で、ホテルの部屋にワインとリトルジャマーが置かれた（プレゼント）宿泊プランが販売されていた。

第1弾では「大人が楽しめる本格的ミュージックコンボ」「ターゲットは30代以上の大人の男性」としている（バンダイ プレスリリース2003年3月17日）。

第2弾 meets KENWOOD では「㈱バンダイと㈱ケンウッドが、ミュージックロボットでコラボレーション」「シックなデザインのミュージシャンロボットが極上の音楽を演奏し、大人の寛ぎ空間を演出」というキャッチフレーズで商品展開をした。

ヒアリングの中で、車古マネジャーが次のように述べている。

> この商品って本当に最初のP（＝プロダクト）が先行した商品でした。（中略）……（第1弾が終了した時点で）プライスはまだいいとしましても、プレイスとプロモーションは手さぐりの状態だと思っていただいていいです。（車古マネジャー）

したがって、少なくとも第1弾を投入した時点では、プロモーションはほとんどなかったということである。

8.4 経験価値の枠組みによるリトルジャマーの分析

このように、マーケティングミックスでの分析をみてみると、玩具としては優れた音質で、リアルな動きである。しかし、マスでの広告がなく価格も高

い等、ヒットの原因を十分には説明できない。そこで、リトルジャマーの経験価値の枠組みでの分析を試みる。

8.4.1 戦略的経験価値モジュール（SEM）での分析

まず、フレームワークとしての SEM という切り口で分析する。SEM の各モジュールごとの経験価値を**図表 8-3** に示す。

すなわち、SENSE（感覚的経験価値）は、玩具としての音質を超えた音のリアル感や、人形の細部にこだわったデザインと人形の動きのリアル感に基づく。

FEEL（情緒的経験価値）は、人形の動きと本格的な演奏が生み出す上質なライブ空間に対する満足感が、まず、ある。微妙な人形の動きと音が癒しの感覚を生み出す。また、曲と動きがシンクロしていることが驚きの感覚を生み出している。

THINK（知的経験価値）は、人形とセンターアンプの並べ方が自由にでき、こだわりのライブ空間をつくりうる創造性に基づく。追加のゲストプレイヤ

図表 8-3　シュミットの SEM と「リトルジャマー」の経験価値

戦略的経験価値モジュール	「リトルジャマー」の経験価値
SENSE （感覚的経験価値）	・玩具を越えた音のリアル感 ・細部にこだわったデザインと動きのリアル感
FEEL （情緒的経験価値）	・動きと本格的な演奏が生み出す上質なライブ空間の満足感 ・微妙な動きと音による癒しの感覚 ・曲と動きのシンクロに対する驚きの感覚
THINK （知的経験価値）	・並べ方によりこだわりのライブ空間の創造性 ・追加のゲストプレイヤー、ROM への期待感 ・コラボレーション企画への期待感
ACT （行動的経験価値）	・タイマー・時報により日常生活でリトルジャマー生活
RELATE （関係的経験価値）	・オーナーズクラブで提供される限定サービスの共有 ・過去のバンド体験の共有化への可能性

一、曲を収録した ROM への期待感も生じ、さらに次のコラボレーション企画への期待感も生み出している。また、ACT（行動的経験価値）については、タイマーや時報をセットすることにより日常生活の中でリトルジャマー生活ができることがあげられる。RELATE（関係的経験価値）には、オーナーズクラブで提供される限定サービスの共有や過去のバンド体験の共有化への可能性がある。

8.4.2　経験価値プロバイダーごとの分析

続いて、ExPro 経験価値プロバイダーごとに各 SEM の経験価値との関連を分析する。

まず、プロをも感心させる音質が感動を与え、SENSE、FEEL、THINK の各経験価値に結びついている。石井竜也氏（ミュージシャン）が、第1弾のリトルジャマーを観て、サイトで「デスクのそばにおいて、精神的に疲れたときに癒してもらうこともできますよね。一体ずつ動かせるから、自分の好みのレイアウトで楽しめるし。いろんな楽しみ方ができるんじゃないかな」「可愛いくて楽しいだけじゃなく、ものすごい技術で作られていますよね。動きを再現させることとか、プログラミングも大変だったと思います。その技術を目にするだけでも価値がある商品ですよね。（中略）音と動きをあわせることとか、すごく大変だったのではないかな。あとね、バンドマン気質っていうか、その楽器を弾いている人の性格みたいなものも、ちゃんと雰囲気が出ているんですよ。ギターはギター弾きらしく、サックスはサックスらしいスタイルで」(Voice Of The Month 日本経済新聞社広告局2部（2002）http://www.cul-cha.com/intv/backnm/ishii.htm）と語っている。

また、仙道さおり氏（ジャズパーカッション奏者）は、ゲストプレイヤー・パーカッショニストが加わったリトルジャマーを観て、「思ったよりいい音なのでびっくりしました」「ちゃんとコンガのヘッド、皮の音がしてますね」「コンガにティンパレスという"ラテン仕様"ですね。カウベルやタンバリンもリアルだし。この赤いコンガは LP（パーカッションのメーカー名）かな？　首にホイッスル下げているのもいいですね」と語っている[33]。

細部にまでこだわったプレイヤーのデザイン（演奏に合わせた動きも含め）により、第1弾では若干コミカルに、第2弾ではシリアスに表現され、いずれもが感動を与えている。これは、SENSE、FEEL、THINK の経験価値に結びついている。先の仙道さおり氏の発言にも象徴される。

　また、デザインと関連して、プレイヤーの並べ方で、こだわりの独自のライブ空間を築ける創造性がある。これは、THINK の経験価値に結びついている。

　オーナーズクラブも結成された。顧客同士のつながりや、顧客が直接ソフトを提供するような関係を築く可能性もある。これは、RELATE の経験価値に結びついている。

　日常生活の中にリトルジャマーを据え、宿泊プランに組み込むなど異空間でのコラボレーション等、さまざまな生活シーンでの結びつきを広め、次を期待させる。これは、THINK、ACT の経験価値に結びついた。

　かつて、ジャズ喫茶で育ち語り合った世代、若い頃のバンド活動をあきらめた人々、ライブに通った人々に、共に語り合っていたかつての記憶を呼び戻す刺激を与えた。これが、ACT、RELATE に結びつき、SENSE、FEEL、THINK にも影響を与えている。

8.5　リトルジャマーのデザインと記憶と経験価値

8.5.1　音とデザインと新たな価値

　音楽に関して、ノーマンは、音楽は情動生活において、重要な役割を果たし、音楽が脳の3つの処理レベルのすべてに影響を与えるとしている[11]。具体的には、「リズム、調子、音が最初に与える喜びは本能的であり、パートを演奏したり習得する喜びは行動的であり、メロディの絡み合い、繰り返し、転回や転調を分析する喜びは内省的である。鑑賞する人にとって行動的な側面は代理体験的である」と言うのだ[11]。すなわち、音楽が脳の処理レベルにすべて影響をあたえ、同じようにデザインも脳の処理レベルのすべてに影響を与えているので、両者には関連がある。

この点について、ヒアリングの中で、仲山リーダーが次のように述べている。

　今までにない音楽の楽しみ方という点で、われわれが明確にしているポリシーは、"音楽を見ることができる"ということです。見る音楽、見て楽しめる音楽というものは今までなかった。しかも自宅でそういったことが楽しめる。それを具現化するために、中荒井の作ったシンクロシステムがある。また、バンダイにはキャラクターにして何か愛でたくなるような価値を持たせる造形を与え、それを量産化する技術力があります。そういったものの複合で生まれたのが、「リトルジャマーの音楽を見て楽しむ」という新しい価値観なのです。だからこそ触れて楽しむ音楽を望んでいた世代に、(リトルジャマーが)受け入れられたと思います。(仲山リーダー)

まさに、音楽とデザインの関連性で、新たな価値の創造を成し遂げているのがリトルジャマーである。

とりわけ初代で採用したデザインに新たな価値の大枠が表現されていた。この点、仲山リーダーも、meets KENWOODを開発する経緯の中で、維持した初期のデザインの特徴を次のように述べている。

　(初代の) シンクロシステムも、コンボ編成のクインテットという見た目も、機能を明らかにするには一番適当ではないか。見ただけで分かりますから。(仲山リーダー)

8.5.2　デザインと記憶と経験価値

前述の分析のように、リトルジャマーのデザインは、SENSE、FEEL、THINKの経験価値を中心にして、ACT、RELATEの各経験価値の創造に寄

与している。シュミットのExProという視点で、デザイン、音、記憶、などとSEMの関係を分析する。

リトルジャマーには、音を聞かなくても、音と動きを創造させることができるデザインがあったと考えられる。実際、通販で売れるという背景は、デザインの要素が大きい。仲山リーダーも次のように述べている。

> カタログショッピングに載せても、動かない。音も鳴らない。受け入れられるわけがない。という先入観がありました。実際にふたを開けてみると、店頭と同じぐらいの数がカタログショッピングで売れていく。はじめは理解に苦しみました。（仲山リーダー）

通常、玩具では同封したアンケートはがきの回収率は数％程度であるのに対して、車古マネジャーの発言によると、リトルジャマーでは30％強の回収率があり、これは驚異的であった。

> 非常にものに飢えている方がいらっしゃって、時間もあってお金も結構あった。別に団塊の世代だからと言うわけではないのですが、間違いなく、その世代には受けていました。だから機内誌、最初はJALさんのものに掲載されたとき、がつんと手応えがあったのです。当時としては記録的な売り上げを示しました。私は間違いなくお金も時間もある人たちが買っていくと思いました。今まで見たことないよ、という反応があったのです。（車古マネジャー）

子供の頃買えなかったガンダムを大人になって今買う、いわゆる"ノスタルジー"の感覚と、リトルジャマーが想い起こさせる過去の"ジャズ喫茶体験""バンド体験"との違いについて、仲山リーダー、中荒井マネジャーは以下のように述べている。

（リトルジャマーは）キャラクターのようにはっきりした対象があるわけじゃないですね。いろんなシチュエーションで、いろんな青春時代を過ごしたその中に、人それぞれの想いがあります。(中荒井マネジャー)

　その方の音楽に対するスタンス、距離感というものを、今の技術で新しい楽しみ方として提案できた商品なのではないでしょうか。(仲山リーダー)

　かつて、ジャズ喫茶で育ち語り合った世代、若い頃のバンド活動をあきらめた人々、ライブに通った人々に、共に語り合っていたかつての記憶を呼び戻す刺激を与えた。これは、ACT、RELATE に結びついた。
　バンダイのリトルジャマーオーナーズクラブの会報誌『LIVE HOUR』には、若き日の記憶がよみがえった、との声が多く寄せられた。「シカゴの地下ホールで、モウモウと立ち込めるタバコの煙の中で聞いたデキシーランドジャズが思い出されます」「若かった頃、ジャズを聴いて飲み、恋をして、泣いたり、笑ったり……生きるための栄養だったジャズ！」「デキシーキャンパスというバンドでトランペットを吹いていました」「LJ（リトルジャマー）のメンバーの顔が友人、会社の人に似ている。笑ってしまうが本当に似ている人がいる!!」「新居を建築するにあたり、リトルジャマーを楽しむための BAR スペースを設けました」「ちっぽけな地方都市のそれも小さなライブハウスで、デューク・ジョーダンが目の前で演奏し、レコードジャケットにサインをして貰った事は、今でも忘れません」などとつづられている[34]。
　前述のようにリトルジャマーはマス媒体での広告は極めて少なかった。いわゆるクチコミが発生していたと思われる。当初は、二瓶のいう第1のポイント "情報処理が十分にできない" 状況と、第2のポイントの "自己関与度が高い" 状況で、『SWING JOURNAL』誌とのコラボレーション後は、第3のポイント "パブリシティ効果" という条件を満たしている[12]。
　商品として見ると、①ローゼンのいう消費者に高い関与性をつくり出す条

件、エキサイティング型の製品　②革新的な製品　③経験型の製品　⑤高価な製品　⑥目に見える（可視性）の製品　の条件を満たしている。さらに、バズを生じさせる正しい製品の具体例として、①品質の高い製品やサービスを提供している製品　②使った人の生活は良くなる製品　③人から見られる製品　④新しさのある製品　の条件を満たしている[16]。

8.5.3　ノーマンの3つのデザイン要素の対応

　リトルジャマーのデザインとノーマンの3つのデザイン要素との関係を分析する。

　ノーマンの3要素に対応したデザインで、まず本能的デザインは見た目で、第一印象に関わるデザインである。また、行動的デザインは機能が最優先で、使いやすさ、使うことの喜びと効用に関わるデザインである。また、内省的なデザインは、自己イメージ、満足感、思い出に関わるデザインである。したがって、以下のように対応すると考えられる。

- 本能的デザイン＝"個々の人形のデザイン"
- 行動的デザイン＝"演奏に合わせてシンクロして動く人形のデザイン"
- 内省的デザイン＝"独立したパートを構成するように構成した5体の人形で、各人形がスピーカー付きの台座に置かれ、バンドを彷彿させるデザイン"

　また、とりわけ、人形のデザインを特定のアーティストを連想させるスタイルにしなかった点について、仲山リーダーは次のように述べている。

　（「どこにでもいそうなデザインですが」との質問に対して）そうです。お客さまのご意見を伺って、その人にとっての音楽に対する経験とか想いというのは、微妙に違っているということです。ご自身の想いを人形に投影しているのがよく分かるのです。一緒にバンド組んでいたあの仲間に似ているだとか、そういう意味では、逆に特定しないほうが、プラットホームとしては優れた部分があるのではないかと。（仲山リーダー）

まさに、商品提供者としてはアノニマスな（＝作者不詳の、匿名の）デザインとして提供しているが、顧客は人形のデザインに自らの記憶を重ね合わせて、記憶を紐解いていたと思われる。したがって、顧客としては"特定な"デザインに仕上がっているということである。

8.6 リトルジャマーにおける定番商品化への取り組み

　バンダイのリトルジャマーは、玩具としてはこれまでになかったカテゴリーの商品を展開した。市場を探りながらの商品展開（この商品展開をバンダイでは"検証"と称している）について、とりわけデザインの決定に関して、バンダイの開発関係者へのヒアリングを中心にして論じる。

　バンダイのリトルジャマーは、従来のバンダイの顧客とは全く異なる30～40代の大人をターゲットとしている。そのため、これまでのトイやホビーの販売チャネルは使えなかった。商品を限定的に市場に投入しながら仮説を検証し、ヒット商品に結びつけ、新たな市場を獲得したのである。市場に投入された4機種（第1弾、第2弾 meets KENWOOD バージョン、SWING JOURNAL edition、PEANUTS JAM）の改良の過程を**図表8-4**に示すように分析する。

8.6.1　開発の流れと検証

　まず、売れ始めた初代バージョンの商品を増産せずに、新たな改良を図った背景について、仲山リーダーは次のように述べている。

　（初期モデルが売れたときには）行けると思ったからそこで生産を止めて、次のモデルに着手したわけです。まず生産ロットのタイミングがありました。瞬く間に完売したわけじゃありませんから。大体市場動向で初回作った1万台がこれぐらいで消化されるのではないかという時期に合わせて、開発を進めれば、ちょうどモデルの世代交代がすぐ切り替え

図表 8-4　リトルジャマーの開発バージョン

商品ラインナップ	デザイン	音	検証すべきポイント
第 1 弾 価格 21,000 円	ジャンルを特定しないポップなデザイン		・30〜40 代の男性顧客
第 2 弾 meets KENWOOD バージョン 価格 21,000 円	黒い台座 60 年代のジャズ風であえて一般的なキャラクター	ケンウッドのチューニング	・音楽に嗜好を持っている 40 歳以上の男性顧客
SWING JOURNAL 　edition 　価格 37,800 円 　＋トランペッター 　＋特製カートリッジ	リミテッドフィニッシュ シックでモダンな雰囲気 楽器の質感を再現するメタリック塗装／人形の特別塗装／ダークウッド調の台座		・価格の限度 ・質感と価格 ・さらに本物志向
PEANUTS JAM 　価格 34,440 円 　＋マスコットフィギュア 　＋特製カートリッジ	プレイヤーはスヌーピーたちのキャラクター		・キャラクターを明示した商品 ・女性の顧客

られるのではないかと考えました。もう 1 度同じものを作るということにはリスクがあると思います。部材を調達して、逆にそれが急に売れなくなったら困ります。そういうバランスを取って、結局、初回の 1 万台をきれいに消化させて次につなげたほうが、トータル的にはよいのではないかなと判断しました。(仲山リーダー)

まさに、単発で終わらせるのではなく、探り出した新たな市場を育てていこうという長期戦略に基づく判断によるものである。つづいて、個々のバージョンを見ていく。

8.6.2　meets KENWOOD バージョン

初代の特徴で、変わらなかった部分についてまず分析する。初代の演奏とシンクロする動きのメカ部分の機構、コンボ編成、スピーカーを組み込んだ台座の上に人形を載せるスタイルは変えなかった。初代の特徴を維持した判断をした経緯について、仲山リーダーは、次のように述べている。

ロングセラー商品の要素は、初代のリトルジャマーに盛り込まれていました。そういう意味で、はやりの曲や、はやりのアーティストの形を後追いすることはあえて避けました。スタンダードナンバーを演奏するジャズアーティストというデザインで行こうと決めました。そうすると、（初代の）シンクロシステムも、コンボ編成のクインテットという見た目も、機能を明らかにするには一番適当ではないか。見ただけで分かりますから。それぞれから別々に音が出る機能も妥当である。それは、ロングセラーとなりうる可能性につながる部分でした。誰でも知っていて、定番でスタンダードナンバー、そういった要素を盛り込みました。それが結局、昔、ジャズ喫茶に通って、ジャズを聞いた方に、受け入れられ始めた。それならそのベクトルで値段を変えないでいくのが進化させるポイントでした。（仲山リーダー）

　初代から第2弾 meets KENWOOD のデザインの変化について見てみると、改良された点は、人形のデザインと音質である。まず、人形の変更点について、仲山リーダーは次のように述べている。

　初回はロックからレゲエまで、ある程度広い音楽ジャンルをカバーできるようなものを想定しました。割とポップなデザインで出していたものを、1960年代あたりを彷彿とさせるジャズマンのいでたちに絞ったデザインに変えたのです。（仲山リーダー）

　また、音を改良した理由について、仲山リーダーは以下のような経緯を語った。

　アンケート結果で、お客さまが一番望んだのは、いい音にしてくれと

いうことだったのです。(中略)
　開発に数年の月日を費やすのではなく、一番短期間で効率よくいい音にして、しかも2万円でと考えました。いい音にするノウハウのないバンダイが時間やコストを掛けるのであれば、音のプロに一番いい方法を伝授してもらったほうがいい。
　幸いケンウッドさんには、われわれの試みに共感していただきました。ケンウッドさんの音質マイスターが、"これ以上値段を上げないというコンセプト"で、ケンウッドの技術力を応用してみようじゃないかと開発し、誕生した音なのです。(仲山リーダー)

　音の充実は必須であり、コストを上げずに短期間で開発するために、ケンウッドとのコラボレーションになった。
　したがって、ここで、第1弾のアンケートなどで明らかになったキーワード"40代男性""ジャズ喫茶、バンド体験がベースにある""良い音を求める"に基づき、これを具体化して第2弾の meets KENWOOD となった。

8.6.3　SWING JOURNAL edition

　続いて、SWING JOURNAL edition 開発である。前述のように、meets KENWOOD からの変更点は、デザインは人形の質感を高め、「SWING JOURNAL edition」の表示を加えた。また、特製カートリッジ(単価 3,675 円)アキコ・グレースのアレンジ、『SWING JOURNAL』特製の選曲監修・解説書付き、トランペッター(単価 6,800 円)を付属品とした。
　仲山リーダーは、その意図を以下のように語っている。

　いいものにして、より付加価値が付けば、高くても売れるのではないかという自信がありました。その検証モデルとして、37,800 円というバージョンを作り、そのバリューと価格についての検証を行うのが狙いで

した。

　どれぐらいの質感が良いのか。結果的に、音は良くできなかったのですけど、コンテンツに『SWING JOURNAL』という本物要素を付け加えた。曲作りにも本物のジャズアーティストが参加した楽曲が入っています。かつ、『SWING JOURNAL』に執筆されているジャズ評論家が、その評価を書いてる、というような見せ方をしました。そして、"より本格的なリトルジャマーが出ました、いかがでしょうか"という問いかけをしたつもりだったのです。(仲山リーダー)

　ねらった効果も現れ、SWING JOURNAL edition も成功を収めた。そのときの模様を、仲山リーダーは次のように振り返る。

　(meets KENWOOD と SWING JOURNAL edition が並べてあっても) むしろそちら (= SWING JOURNAL edition) から先に買っていかれる。要は売り場で両方並べてあっても、絶対数としては1対1です。若干付加価値を付け足すことで、売価が1.5倍近いものとなりました。そこまでは (=価格37,800円) 多分受容されるということが、そこの段階では基本だということが分かりました。(仲山リーダー)

8.6.4　PEANUTS JAM

　次に、PEANUTS JAM の開発については、仲山リーダーはそのコンセプトを次のように述べた。ピーナッツとは、スヌーピーやチャーリー・ブラウンで知られるチャールズ.M.シュルツの人気マンガシリーズである。

　ピーナッツ版は、(これまでのリトルジャマーは、人形を特定のキャラクターでなくアノニマスなデザインとしていたのを) 逆にキャラクター

として明確にした場合に、どういう効果が得られるかという検証でやったモデルです。(仲山リーダー)

40代男性とは明らかに異なる顧客を設定しているが、仲山リーダーによると、実際の効果は次のようなものだった。

　実際は、やはり半数ぐらいの方はキャラクター半分で買われているようです。後の半分はきちんと分析できてはいませんが、男性が女性や子供さんにプレゼントしているようです。見た目がかわいらしいですから。(リトルジャマーを)見る音楽だと言っている以上、飾れて感動できる要素を考えています。女性や子供さんが感動したのは、ピーナッツ版だったわけです。(仲山リーダー)

まだ発売して間もない時点のヒアリングであったので、結果は出ていないが、上々の滑り出しというところで、ねらった層には反応を得ているようである。

8.7 まとめ

バンダイ「リトルジャマー」は、シュミットの戦略的経験価値モジュール(SEM)のいずれの要素も具備し、ノーマンのデザインの3つの要素も具備した商品である。

玩具業界には、ヒット商品が出ると、類似品や後追い品が出る傾向がある。バンダイ自身、かつて「たまごっち」で経験がある。しかし、リトルジャマーに関しては、今のところ類似品は出ていないようである。この点について、仲山リーダー、中荒井マネジャーは次のように述べている。

この価格帯で同じターゲットを狙った商品というのは、特にないです。
（仲山リーダー）

　パテントももちろんあるのですけど。でも、回避しながら、一見して似たような感じのものをつくることは、可能だと思っていました。
　当初は後追い商品が出ることを覚悟はしていたのですが、結果的には出ていません。（中荒井マネジャー）

　"電磁石を応用したアクション機構"のパテント（バンダイ　ホームページ　ロボット研究所）と、MIDIファイルで作成したソフトウェアが重要な知的財産になっている。これが、他社の追随を許さない要素となったと思われる。
　類似品が出ていない状況には、他社に真似ができないノウハウがあったことも大きく寄与していたと考えられる。この点、仲山リーダーは次のように述べている。

　リトルジャマーのような商品に、2万円程度の値段をつけることは、他社にはできなかったと思います。バンダイにそれができたのは、おもちゃで今まで培われてきた、安くてよいものを作るというようなノウハウが、十分生かされていたからだと思います。（仲山リーダー）

　そして、第5弾のLITTLE JAMMER PRO. tuned by KENWOODでは、価格も52,500円とmeets KENWOODの倍以上となっているが、何より、MIDI音源を8bitから16bitへと大幅に解像度を高めた。音作りは引き続きKENWOODが担当し、"meets"から"tuned by"に表示を変えた。プレイヤーはよりリアルなデザイン（引き続き特定されない表情）で音質の向上を表現している。また、"PRO."については、property（財産）、prodigy（驚異）、progeny（後継者）、prominence（卓越）、progress（進歩）＋ professional（プロ）

というアプローチをとっている。

　リトルジャマーの開発→販売→検証→開発、の流れは、中西元男が著書『創る　魅せる　超える』で述べた"仮説法"の手法と共通するものがあり[35]、新規事業・製品開発に応用できる。

第9章

デザインによる感動がヒットに結びつく

9.1 ポイントの検証結果

　デザインが導く経験価値創造として、第6章で提示した3つのポイントについて、コクヨ「カドケシ」とバンダイ「リトルジャマー」の2つのケースにより検証した結果は以下の通りである。

9.1.1 シュミットの SEM とノーマンの3つのデザイン要素の対応

　　第1のポイント　「ノーマンの3つのデザイン要素は、シュミットの戦略的
　　　　　　　　　経験価値モジュールに対応すると共に、ノーマンの3つの
　　　　　　　　　デザイン要素を具備した商品は経験価値創造に役立つ」

　カドケシは、ノーマンの3つの要素を満たしたデザインにより、経験価値の創造に寄与していた。また、カドケシで、本能的デザインは SENSE、FEEL、THINK に関連、行動的デザインは、SENSE、FEEL、THINK に関連し、内省的デザインは THINK、ACT、RELATE に関連していた。
　リトルジャマーでは、ノーマンの3つの要素を満たしたデザインにより、経験価値の創造に寄与していた。また、リトルジャマーで、本能的デザインはシュミットの SENSE に関連していた。また、行動的デザインは、FEEL に関連していた。また、内省的デザインは、THINK、RELATE に関連していた。
　したがって、カドケシ、リトルジャマーのケースからも、第1のポイントの有効性が確認できる。

9.1.2 記憶とデザインと経験価値の関係

　　第2のポイント　「単なる懐かしさではなく、共有可能な記憶を選定し商
　　　　　　　　　品化し、この記憶に対し、デザインに起因した刺激とな

るアプローチをすれば、シュミットの各モジュールの経
　　　験価値創造に結びつきうる」

　カドケシは"共に騒いだ小学校での消しゴム体験"を刺激した商品となった。
　リトルジャマーは"仲間とのジャズ喫茶体験""仲間とのライブハウス体験"
"仲間とのバンド体験"を刺激した商品となっていた。これは、単なるリバイバルではなく、過去の語り合った記憶を刺激して、新たな層への需要を拡大し、経験価値を獲得し、ヒット商品となった。
　したがって、本ケースでは、第2のポイントの有効性が確認できる。
　また、単なるリバイバルやノスタルジーとの違いは、リトルジャマーでは「なつかしの70年代ヒット曲CD集」を対比し、カドケシではかつてのヒット商品「スーパーカー消しゴム」「キャラクターもの消しゴム」のリバイバルとを対比すれば明確であろう。
　さらに、リトルジャマーに関しては、バンダイの仲山リーダーの発言にあったように、ガンダムについて、当時買えなかった超合金モデル（当時より大きく進化している）を、今、大人が買う行為とは明らかに異なるのである。ガンダムは過去に具体的に存在した「もの」であるが、リトルジャマーは当時存在していないからである。
　また、カドケシでは、ネット上を中心として"クチコミ"が発生していたことも分かった。

9.1.3　基本的機能とデザインと経験価値の関係

　第3のポイント　「基本的機能が備わった商品であれば、さらに機能を高
　　　　　　　　　めるより、"特徴ある機能が備わっていると思わせる"デ
　　　　　　　　　ザインを施した商品が、経験価値の創造に有効である」

カドケシで、"細かい字を消しやすい"という基本的機能に対して、28個の角があるデザインが"カドが多くて細かい字を消せそう"という効果をもたらした。"細かい字を消しやすい"という基本的機能をさらに高めて追求すれば、製図用のチューインガム型の消しゴムや細い棒状のノック式の消しゴムをベースにした商品展開も考えられる。

カドケシを同業であるプラスの消しゴム「AIR-IN」と比較するとより鮮明になる。AIR-INは「いつもカドで消す感触」とスリーブに表示し、微小の多孔質セラミックス・パウダーを練り込んだ構造で、"カドで消す感触"という機能を実現している。しかしAIR-INのデザインは従来と同じ六面体であり、デザイン上からはそのような機能があることは分からない。

リトルジャマーは、"人間のような人形が音とシンクロして動き、玩具としては良質の音がする"という基本的機能を持つ。しかし、第1弾の商品展開で、音がなく、動きも見えない通販で売れた。この背景には、人形を含めた商品デザイン全体が"良い音がしそう"と顧客に捉えられていた事実がある。基本的機能を追求し、人形を本物の人間のように、よりリアルにして、"本物っぽい"モノにすることも考えられるが、そうせずにどこでも居そうなアニメ調の顔で表現したのである。

また、リトルジャマーを第1弾からmeets KENWOODに改良する際に、デザイン上、人形をジャズバンド調のややリアルな表現に改め、"meets KENWOOD"と表示することにより、大幅に音が良くなったことを表現して、経験価値の創造に役立てている。

リトルジャマーのmeets KENWOODからSWING JOURNAL editionへの展開では、基本的機能である音はそのままだった。しかし、"人形の質感を高め""スイングジャーナルの表示"を付加することで、価格を高くしても売れた。この事実は"さらに音が良くなった"と思わせるデザインの効果を示している。

したがって、本ケースでは、第3のポイントの有効性も認められる。

9.1.4 小括

以上のように、デザインが導く経験価値として第6章で提示した3つのポイ

ントは、「カドケシ」と「リトルジャマー」の2つのケースにより検証した結果、いずれもその有効性が確認された。

　今後、より多くのケースで検証する必要がある。とくに、第1のポイントを新商品開発に適用する際には、ノーマンの3つのデザイン要素、つまり本能的デザイン、行動的デザイン、内省的デザインをさらに具体化する必要があると考える。

　各社のユニバーサルデザインの取り組み、IBMでのUser Centered Design、User Experience Designの取り組み[36]、デザイン・ファームIDEOの取り組み[37]、NPO人間中心設計推進機構のHuman Centered Designの取り組みなどは参考になると考えられている。

9.2　デザインの定義

　順が前後するが「デザイン」の定義について整理することで理解と議論の一助としたい。

　デザインという語は多義である。原語のdesignも、arrangement、drawing/plan/model、pattern、intentionの意味があり（『オックスフォード現代英英辞典』旺文社2005、p.464）、やはり多義語である。むしろ逆に"design"が多義語であったので、日本語の"デザイン"も多義語となったとも考えられる。かつて、立命館大学で理系・文系の融合した"環境・デザイン"というインスティテュートを設立する際のデザインを巡る議論で、経営学部は"企画・プロデュース"、理工学部は"コンピュータ・エイデット・デザイン（CAD）のデザイン、つまり「設計」の意味"、土木工学では"ランドスケープ・デザイン、景観デザインの意味のデザイン"と異なる捉え方をしていたという[38]。そのように、デザインとは立場により全く異なる解釈ができる用語である。

　マーケティングの分野では、デザインは明確に定義されている。コトラーは著書『コトラーのマーケティング・コンセプト』で「デザインとはスタイルより大きなコンセプトである。スタイルとはただ製品の外観を指す。スタイルは、（中略）センセーショナルなスタイルは人目を引いても、必ずしも製品を

よりよく機能させるとは限らない。(中略) スタイルと違って、デザインは表面的なものだけを意味するものではなく、製品の本質にかかわるものである」としている[9]。

　また、マーフィは著書『MBAのマーケティング』で「『デザイン』と『スタイル』ははっきり区別しなければならない。スタイルは表面的なものだが、デザインは本質的なものである。デザインは性能と結びついている」としている。マーフィは「デザイン」をコトラーとほぼ同一の定義で使っている[39]。

　マーケティングの側がデザインについて明確に定義をして使っているのに対して、デザイナー、経営側はデザインという語を広義に使っている。中には、明確な定義がなされていない場合もある。

　ホンダのデザイナーで役員であった岩倉信弥は著書『デザイン「こと」始め』で「デザイン＝商品づくり」と定義した[40]。また、デザイナーである伊坂正人は著書『商品とデザイン』で以下のように述べている。「アメリカにおいて(中略) 1930年代後半にはいわゆる商業主義と密接に結びつき、消費者の消費意欲をそそる商品の表層の形をつくる、いわゆるスタイリングデザインが盛んになった」「商品という言葉には、品物＝GOODS、財＝COMMODITY、そして品物及び財の両者それぞれの集合＝MERCHANDISEの意味が含まれている。(中略)『モノ』の意味は、品物＝GOODSとしての商品とほぼ同義といえる。デザインは、この『モノ』の形づくりにかかわる営為である」[41]。

　研究者である広川美津雄は『デザインと感性』の第2章「デザインコンセプト」の中で、「一般的に、デザインには『造形処理を施す行為とその結果』という狭い意味および『立案・計画する行為とその結果』という広い意味がある。インダストリアルデザインの分野においても、デザインは『造形処理（スタイリング）を施す行為とその結果』という意味および『製品企画・製品計画の行為とその結果』という意味で使われている」としている[42]。

　また、知的財産としてデザインを保護する意匠法では、保護対象である意匠を"物品の形状、模様若しくは色彩又はこれらの結合であって、視覚を通じて美観を起こさせるもの"と定義し（意匠法第2条1項）、"物品の美的外観"と概略している。この場合の"意匠"には、静止した意匠のみならず、変化す

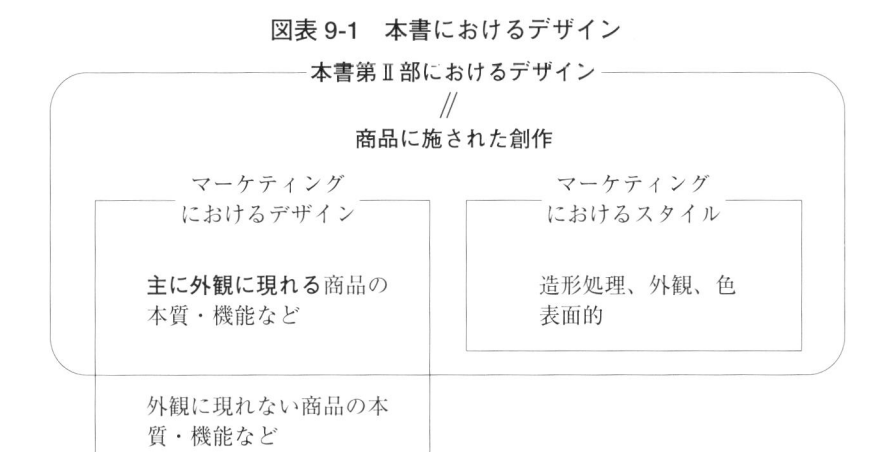

図表9-1　本書におけるデザイン

```
┌──────────本書第Ⅱ部におけるデザイン──────────┐
│                      //                      │
│               商品に施された創作               │
│  ┌─マーケティング─┐  ┌─マーケティング─┐  │
│  │ におけるデザイン │  │ におけるスタイル │  │
│  │                  │  │                  │  │
│  │ 主に外観に現れる │  │ 造形処理、外観、色│  │
│  │ 商品の本質・機能 │  │ 表面的           │  │
│  │ など             │  │                  │  │
│  └──────────────────┘  └──────────────────┘  │
│  ┌──────────────────┐                        │
│  │ 外観に現れない商│                        │
│  │ 品の本質・機能な│                        │
│  │ ど               │                        │
│  └──────────────────┘                        │
└──────────────────────────────────────────────┘
```

る一連の形態をとらえて意匠とする"動的意匠"や物品の一部である"部分意匠"も含まれる（意匠法第6条第4項、第2条第1項）。

　デザイン史では、海野弘は著書『現代デザイン』で「建物や機械を設計し、絵や彫刻の下図を描き、図案をつくる、といった意味をもつ（中略）人間が世界を構想し、つくっていくという考えがデザインに新しい意味を与える」と広い意味で使っている[43]。しかし、シュミットの『経験価値マーケティング』『経験価値マネジメント』、ノーマンの『誰のためのデザイン？』『エモーショナル・デザイン』ではデザインについて定義的な記載をしていない[7][10][11][15]。

　以上の各見解をふまえて、本書におけるデザインは、**図表9-1**のようにデザインのマネジメントの視点から広義に捉える。すなわちデザインは"商品に施された創作全体"であって、商品の機能も含まれるものとする。したがって、マーケティングの分野から定義されている"スタイル"という概念を含むものとする。ただし、"主に商品の外観に現れたもの"に限定して考察する。

　また、"商品"と"製品"の相違については諸説があり、使い分けは定まっていないようである[44]。本稿では、主に"商品"とは"売れる状態になっている製品"のニュアンスで使用した。しかし、引用した文献では必ずしも定まった使い方をしていない場合もあるが、そのまま引用して論じている。

9.3 アフォーダンス

「アフォーダンス」についてなじみがないかもしれないので補足する。

佐々木正人の著書『アフォーダンス』によれば、アフォーダンス（affordance）とは「環境が動物に提供する『価値』」である。アフォーダンスは "〜できる" "〜与える" などの意味を持つ動詞アフォード（afford）をベースとしたJ. J. ギブソンの造語である。「環境にあるものは、すべてアフォーダンスの用語で記述することができる」という[45]。

ノーマンは『誰のためのデザイン？』の中で「アフォーダンスの特徴がうまく使われていれば、何をしたらよいのかはちょっと見るだけでわかる。絵やラベルや説明の文章も必要がない」という[10]。例えば、ドアの取っ手を見ただけで、ドアは引っ張ると開くようにアフォードしているか、押すと開くようにアフォードしているか、あるいは引き戸として滑らせると開くようにアフォードしていなければならないということである。この場合、ドアに "押す" "引く" の文字や、滑らす方向の矢印は必要ない。

そして、ノーマンは「ものがどのように機能するかについてのこれ以上の手がかりは目に見える構造から得られる。とりわけアフォーダンスの制約と対応づけからだ」と述べている。例えば、はさみにある穴は何かを差し込むためのものであり、指を差し込むようにアフォードしている。「その穴の大きさはどの指を使うかを限定するための制約を示している」ので[10]、2本の指を入れられる大きさであってはならない。ただし、はさみの紙を切るという基本的機能だけからいえば、どの指が入っても紙は切れる。

なお、ノーマンとギブソンとでは、アフォーダンスの概念が若干異なるようである。

9.4 認知心理学における記憶

第Ⅱ部で重要な位置を占める「記憶」について、認知心理学でいわれていることを整理する。

記憶については、さまざまな分類・区分けができるが、記憶の保持時間から感覚記憶、短期記憶、長期記憶に区分される[46][47]。
　まず、記憶の流れについて森敏昭らは『認知心理学キーワード』の中で、「記憶の過程は、過去の経験を保持し、後にそれを再現して利用するまでの一連の過程であり、『符号化』『貯蔵』『検索』の3段階に分けることができる。このうち符号化とは入力された感覚刺激を『意味』に変換する」と定義している[46]。
　感覚記憶とは、入力された感覚情報をごく短期間（聴覚情報は約5分、視覚情報は1秒以内）で意味に変換することなく、そのまま保持できる記憶をいう。
　短期記憶とは、感覚記憶に入力された情報の中で注意を向けられた情報を符号化して一時的に貯蔵された記憶をいう。短期記憶の情報を長期記憶にするための記銘処理としてリハーサルと称する復唱行為などが必要とされる。
　長期記憶とは、大量の情報を知識として永続的に保持できる記憶をいう。
　長期記憶は、手続き的記憶と宣言的記憶に分けられる。宣言的記憶はさらに、エピソード記憶と意味記憶とに区分できる。
　エピソード記憶の中で、社会的に大きなインパクトを持つ事象に関連づけた記憶を特にフラッシュバルブメモリーという。
　ノーマンの『誰のためのデザイン？』では、デザインの視点から長期記憶と短期記憶の特徴について記した。デザイナーが人の心理的側面に注意を払わなくてはならない、とノーマンは以下のように述べている。「短期記憶の限界によれば、相互に無関連な項目を同時に五つあるいはそれ以上覚えさせるようにしてはならない。（中略）もし、それが必要ならばシステムのほうで一時記憶を助けるためになんらかの技術的な援助をしなければならない」。
　「長期記憶の限界によれば、ある情報が比較的容易に獲得できるのは、その情報に意味があり、それが何らかの概念的な枠組みに組み込まれたときである。（中略）長期記憶からの情報の検索には時間がかかるし、エラーを含むこともある。そのため、私たちが何をどのようにしたらよいかを思い出させてくれる上で外界の中にある情報が重要なものとなるのである」[10]。
　『エモーショナル・デザイン』の中でも、ノーマンは記憶について取り上げている。「真に長く残る情動的な感覚は持続的なインタラクションによって時

間をかけて作り上げられる。(中略) 大切なのはインタラクションの歴史、そのモノにまつわる想い出、それが呼び起こす記憶なのである」と、情動に影響を与える要素の一つとして想い出、記憶をあげている。ノーマンは、お土産のエッフェル塔を取り上げた。それは、感傷的（センチメンタル）で、記憶を呼び戻すものである。ものにまつわる想い出、それは「理性ではなく、情動」と強調している[11]。

パインⅡ世とギルモアは、『経験経済』において経験との関係で、想い出の品、記念品など経験を広げるアプローチとして取り上げているが、単なる過去の事実そのままとしてしか捉えていない[5]。

また、ノーマンは、思い出すということは、「頭の中の知識と外界の知識の相互作用」であると捉えた。思い出すために知識は外部に置く場合と内部に置く場合があるという。内部に置く場合は、リハーサルと呼ばれ、繰り返し頭に浮かべる。思い出すためには、シグナルとメッセージの2つが必要であるとしている[10]。

この場合「思い出せるものとして理想的なのは、何か思い出さなくてはいけないことがあるというシグナルと、それが何であるかをとうメッセージの両者とも含んでいなければならない」「シグナルは例えば"指に糸で輪を結ぶ"ことを指し、"メモを残すこと"がメッセージである。指の糸は何を思い出すかわからず、メモはいつ見たらよいかわからない」としている[10]。

第Ⅱ部　参考文献

[1] 日本能率協会コンサルティング著『第1回デザインマネジメント実態調査報告書』、日本能率協会コンサルティング、2004年
[2] T. ピーターズ著、宮本喜一訳『トム・ピーターズのマニフェスト1　デザイン魂』、ランダムハウス講談社、2005年
[3] 三留修平稿『デザインの経済的価値を測る』、『日経デザイン』、日経BP社、1997年4月号、pp.60-67
[4] 佐藤典司著『デザインマネジメント戦略―情報消費社会を勝ち抜く』、NTT出版、1999年
[5] B. J. パインⅡ世・J. H. ギルモア共著、電通「経験経済」研究会訳『経験経済』、流通科学大学出版部、2000年、および、岡本慶一・小高尚子共訳『「新訳」経験経済―脱コモディティ化のマーケティング戦略―』、ダイヤモンド社、2005年

［6］長沢伸也編著、早稲田大学ビジネススクール長沢研究室（山本太朗・吉田政彦・入澤裕介・山本典弘・榎新二）共著『ヒットを生む経験価値創造―感性を揺さぶるものづくり―』、日科技連出版社、2005 年
［7］B. H. シュミット著、嶋村和恵・広瀬盛一共訳『経験価値マーケティング―消費者が「何か」を感じるプラス α の魅力』、ダイヤモンド社、2000 年
［8］P. コトラー・G. アームストロング共著、恩藏直人監修、月谷真紀訳『コトラーのマーケティング入門』、ピアソン・エデュケーション、1999 年
［9］P. コトラー著、恩藏直人監訳『コトラーのマーケティング・コンセプト』、東洋経済新報社、2003 年
［10］D. A. ノーマン著、野島久雄訳『誰のためのデザイン？―認知科学者のデザイン原論―』新曜社、1990 年
［11］D. A. ノーマン著、岡本明ほか訳『エモーショナル・デザイン―微笑を誘うモノたちのために―』、新曜社、2004 年
［12］二瓶喜博著『うわさとくちコミマーケティング（第 2 版）』、創成社、2003 年
［13］長沢伸也編著、早稲田大学ビジネススクール長沢研究室（入澤裕介・染谷高士・土田哲平）共著『老舗ブランド企業の経験価値創造―顧客との出会いのデザインマネジメント―』、同友館、2006 年
［14］日野佳恵子著『クチコミュニティ・マーケティング』、朝日新聞社、2002 年
［15］B. H. シュミット著、嶋村和恵・広瀬盛一訳『経験価値マネジメント』、ダイヤモンド社、2004 年
［16］E. ローゼン著、濱岡豊訳『クチコミはこうしてつくられる―おもしろさが伝染するバズ・マーケティング―』、日本経済新聞社、2002 年
［17］M. ゴーベ著、福山健一郎監訳『エモーショナル・ブランディング―こころに響くブランド戦略―』、宣伝会議、2002 年
［18］S. ブラウン著「ポストモダン・マーケティングへの警鐘」、『DIAMOND ハーバード・ビジネス・レビュー』、ダイヤモンド社、2001 年 6 月号、pp.108-110
［19］桑原武夫・日経産業消費研究所編『ポストモダン手法による消費者心理の解読―ステレオ・フォトエッセーで潜在ニーズに迫る』、日本経済新聞社、1999 年
［20］紺野登著『創造経営の戦略―知識イノベーションとデザイン―』、ちくま新書、2004 年
［21］高木光太郎稿「第 5 章 何のための記憶か―フラッシュバブルメモリーの機能論―」、佐伯胖・佐々木正人編著『アクティブ・マインド―人間は動きの中で考える―』、東京大学出版会、1990 年
［22］佐伯胖稿「序章 アクティブ・マインド―活動としての認知―」、佐伯胖・佐々木正人編著『アクティブ・マインド―人間は動きの中で考える―』、東京大学出版会、1990 年
［23］高取憲一郎稿「記憶過程におけるコミュニケーションの役割―個人再生と共同再生の比較研究―」、『教育心理学研究』、第 28 巻、1980 年、pp.108-112

[24] G. ザルトマン著、藤川佳則・阿久津聡訳『心脳マーケティング―顧客の無意識を解き明かす―』、ダイヤモンド社、2005 年
[25] 嶋口充輝著『戦略的マーケティングの論理―需要調整・社会対応・競争対応の科学―』、誠文堂新光社、1984 年
[26] 長沢伸也稿「顧客価値と顧客価値創造」、神田範明編著『顧客価値創造ハンドブック』、日科技連出版社、2004 年
[27] 「コンペからヒット商品を」『NIKKEI DESIGN』、日経 BP 社、2006 年 1 月号、p.76
[28] 串田孫一著『文房具 56 話』、筑摩書房、2001 年
[29] 「この 40 人に注目」『NIKKEI DESIGN』、日経 BP 社、2005 年 1 月号、pp.36-37
[30] 『トイジャーナル』、東京玩具人形問屋協同組合、2005 年 6 月号、pp. 20-23
[31] 『トイジャーナル』、東京玩具人形問屋協同組合、2005 年 7 月号、pp. 30-31, 34-37
[32] 『トイジャーナル』、東京玩具人形問屋協同組合、2006 年 7 月号、pp.26-27
[33] 『スイングジャーナル』、スイングジャーナル社、2005 年 6 月号、pp.216-217
[34] 『LIVE HOUR』会員情報誌、Vol.2 (2005 Autumn)、バンダイ
[35] 中西元男著『創る 魅せる 超える―「構想不況企業」突破への指針―』、きこ書房、2001 年
[36] 山崎和彦著「第 7 章 ユーザーエクスペリエンスを考慮したデザインマネージメント」、山岡俊樹編著『デザインセクションに見る創造的マネージメントの要諦―』、海文堂出版、2005 年
[37] T. ケリー＆ J. リットマン著、鈴木主税・秀岡尚子訳『発想する会社！―世界最高のデザイン・ファーム IDEO に学ぶイノベーションの技法―』、早川書房、2002 年
[38] 長沢伸也・岩谷昌樹編著、佐藤典司・岩倉信弥・中西元男共著『デザインマネジメント入門―デザインの戦略的活用―』、京都新聞出版センター、2003 年、pp.157-235
[39] D・マーフィー 著、嶋口充輝監訳、吉川明希訳『MBA のマーケティング―ビジネスプロフェッショナル講座』、日経ビジネス文庫、2003 年
[40] 岩倉信弥著『デザイン「こと」始め―ホンダに学ぶ―』、産能大学出版部、2004 年
[41] 伊坂正人・ＧＫ著、栄久庵憲司監修『商品とデザイン』、鹿島出版会、1996 年、pp.19-48
[42] 広川美津雄著「デザインコンセプト」、井上勝雄編『デザインと感性』、海文堂出版、2005 年
[43] 海野弘著『現代デザイン―「デザインの世紀」をよむ―』、新曜社、1997 年
[44] 長沢伸也著『おはなしマーケティング』、日本規格協会、1998 年
[45] 佐々木正人『アフォーダンス―新しい認知の理論―』、岩波書店、1994 年
[46] 行場次朗・高橋雅延ほか著「第 2 章 知覚と注意」、「第 3 章 記憶と忘却」、森敏昭・中條和光編『認知心理学キーワード』、有斐閣、2005 年
[47] D. A. ノーマン著、富田達彦訳『認知心理学入門』、誠信書房、1984 年

結 章

事例研究を活かす視点

10.1　商品開発ケーススタディの学び方

　新商品開発を研究しようとするとき、ヒット商品にはもっともらしい後講釈や、美談、逸話や伝説がつきものであるし、「嬉しい誤算」や「なぜか消費者の感性に合った」で済まされることも多い。だから失敗に学べ、という意見も出てくるが、失敗事例は企業が出したがらないことに加えて当事者は積極的に忘却しようとするので、研究の遂行に困難を伴う。さらに、ヒットするときは総合力であるが、失敗するときは「蟻の一穴」のように少数の要因で失敗することが多いため、失敗事例から教訓は得られても失敗しないように気をつけるだけでヒットするかというと微妙である。

　したがって、成功事例を取り上げざるを得ないことになるが、人気テレビ番組だったNHKの『プロジェクトX』風のドラマではなく、ヒットする要素を作り込むプロセスや方法・法則に重点を置く必要がある。そのためにも、開発担当者へのヒアリングや生の言葉を重視することになる。本書もこのような観点から企画・執筆されている。

　ハーバードをはじめ内外のビジネススクールではケーススタディが重視されるが、筆者の講義経験では、特に商品開発のケーススタディに対して**図表10-1**のような疑問を持つビジネスパーソンが少なくない。

図表10-1　ケーススタディへの疑問

1. 他業界なので役に立たないのではないか？
2. 他社なので役に立たないのではないか？
3. 他部署なので役に立たないのではないか？
4. 他役職（他人）なので役に立たないのではないか？
5. 他商品（ジャンル、生産財、B2B、…）なので役に立たないのではないか？
6. 同じ状況は二度と再び起こらないので役に立たないのではないか？
7. 擬似体験・意思決定演習は所詮本番でないので役に立たないのではないか？
8. 正解はないので役に立たないのではないか？
9. 過去のケースでは事実・結果・後日談があるので役に立たないのではないか？
10. 汎用性のある「手法」ではなく「考え方」なので役に立たないのではないか？

図表 10-2　商品開発ケーススタディの焦点と論点

焦点	論点
・商品（製品、サービス） ・価格 ・流通チャネル ・販促	・商品コンセプト、マーケティング・ミックス ・市場品質（相対的品質と絶対的品質、機能と感性品質） ・顧客価値（機能的価値と経験価値） ・マーケットインとプロダクトアウト
・プロダクト・マネジャー ・プロジェクト・リーダー	・プロダクト・マネジメント ・プロジェクト・マネジメント ・資質と能力、職務と権限 ・熱い想いと理性的な判断（選択と集中）
・経営者（社長、事業部長）	・経営戦略（選択肢と意思決定） ・組織管理（プロジェクトチームのあり方・編成） ・人事管理（信賞必罰、成果主義） ・ブランド・マネジメント

しかし、商品開発のケーススタディには、焦点に応じて図表 10-2 のような論点がそれぞれあり、考察やディスカッションを行うことは有益であると筆者は考える。もっとも、図表 10-2 に掲げた論点は一例にすぎない。そもそも各ケースに応じてどのような論点があるかをクエスチョニングすること自体が重要であろう。

10.2　商品、価格、流通チャネル、販促からの論点

10.2.1　CBP（コア・ベネフィット・プロポジション）

商品（製品、サービス）、価格、流通チャネル、販促に焦点を当てる場合、商品開発ケーススタディでは、まず商品（製品、サービス）のコンセプトに焦点を当てるのは当然である。とはいえ、商品のコンセプトとは分かったようで分からない言葉である。これを商品の「概念」と翻訳しても意味を成さない。しかし、CBP（コア・ベネフィット・プロポジション：core benefit proposition）を考えると適切な場合が多い。CBP は、例えば医薬品のバファリンなら、「アスピリンと同等の効果があり、しかも胃を荒らさない鎮痛剤」、アメックスのトラベラーズ・チェックなら「世界中どこでも使える旅行小切手」

というように、製品戦略の基本的な性格を明瞭、簡潔、直接的に表現したものだ。それは、いわばマーケティング戦略のあらゆる構成要素が、その上で組み立てられる礎石とも言えるものである。このコア・ベネフィット・プロポジションは、和製英語的に用いられている「コンセプト」とほとんど同じだと考えればよい。

ベネフィット（benefit＝利益、役立つこと）が製品の中核となるという考え方はマーケティングでは常識である。品質はそれを実現する手段、あるいは要素の1つと位置付けられる。これに対して、「品質優先、品質第一」という思想の品質管理業界では「製品の中核は品質である」としていることにほかならない。

ここで2つの点で注意を喚起したい。1つは、ベネフィットを見失いがちになるということである。ベネフィットを実現するための手段としての品質が追求されていれば問題ないが、「製品の中核は品質」を指導原理としていると、手段が目的となって、どういうベネフィットを実現するのか分からない品質が追求されがちである。もう1つは、品質水準や特性以外の要素が軽視される、あるいは協調・相補して製品となるというシステム思考が見失われがちになるという点である[1]。

また、新商品ではあっても新事業に相当する場合、例えば月極め駐車場と時間貸しの有人駐車場しかなかった時代に「無人のコイン駐車場」というサービスを提供するなら、サービスの中身はもちろん、ビジネスモデルとして成り立つかという観点まで検討する必要もあろう。

もちろん、商品単独でなく、価格、流通チャネルおよび販促といった4Pをどのように組み合わせて標的顧客に打ち出すかというマーケティングミックスも併せて検討しなければならない場合がほとんどである。

市場品質として、相対的品質と絶対的品質に分けて考えることは重要である。相対的品質とは、メーカーからではなく顧客から見て他の商品と比べて「品質がちょっと良い」というように相対的に評価される品質である。「ちょっと良い」くらいでは顧客から見て差はわずかであるので価格とのトレードオフになり得るため、相対的価値といってもほとんど同じである。他のメーカーに

すぐ追いつかれ、結果として低価格競争に陥りやすい。絶対的品質は「こだわりの品質」「卓越した品質」というように他の商品にはない、代替不可能な品質である。例えば、エルメスのバッグの丈夫さや手作り感、デザインが好きで買おうとしている人に他のブランドのバッグを勧めても無駄であろう。「これでなくちゃ駄目なんだ」ということであり、価格を超越するという意味で絶対的価値といえる。

　機能はもちろん大切ではあるが、それに加えて、感性品質がなければ、絶対的価値を創造することはできない。感性品質の「感性」とは、ものに対するその人が持つフィーリングやイメージ、言い換えれば「ものに対する心理的期待感、感情」である。

　価値連鎖（バリュー・チェーン）モデルで非常に有名なポーター（Michael E. Porter）によれば、「価値」とは、買い手が売り手から提供されるものに進んで支払ってくれる金額であると定義される。そこで、価値（厳密には製品価値）という用語を使うならば、機能と感性品質は「機能的価値」と「感性価値」（テキストによっては「情緒的価値」）あるいは本書でいう「経験価値」（厳密には製品価値以外の経験価値もありうる）ということになる。

　顧客価値を具体的に計算するには、10.2.2項で解説する顧客提供価値（カスタマー・デリバード・バリュー：customer delivered value）に基づいて計算するとよいであろう。

10.2.2　顧客提供価値と経験価値

　顧客はどのようにして商品を選択するのだろうか。顧客はどのマーケティング・オファーが最大の価値を提供してくれるのかを見積るのである。つまり、顧客は value-maximizers（価値を最大化する人々）なのである。彼らは期待価値を形成し、それに基づき行動するのだ。彼らはオファーが期待価値のとおりかどうかを知り、これが満足や再購入確率に影響する。

　買い手は、最高の顧客提供価値をオファーすると知覚した企業から製品を買う。顧客提供価値は、顧客のニーズを満足させるための製品全体の能力についての顧客の評価であり、総顧客価値と総顧客コストとの差で表される。

顧客提供価値＝総顧客価値−総顧客コスト

つまり、顧客提供価値は顧客にとっての利益である。総顧客価値は、所与の製品やサービスから顧客が期待するベネフィットの束であり、マーケティング・オファーの製品価値、サービス価値、人的価値、イメージ価値の総計である。10.2.1 項で述べたように製品価値を機能的価値と感性価値に分ければ、この計算では製品の機能的価値以外の総顧客価値が「経験価値」になると理解すればよい。つまり製品の感性価値、サービス価値、人的価値、イメージ価値の合計が「経験価値」に相当する。

総顧客価値＝製品価値＋サービス価値＋人的価値＋イメージ価値
　　　　　＝(機能的価値＋感性価値)＋サービス価値＋人的価値＋イメージ価値
　　　　　＝機能的価値＋経験価値

また、総顧客コストとは、マーケティング・オファーに関連した貨幣コスト、時間コスト、エネルギーコスト、精神的コストの総計である。

総顧客コスト＝貨幣コスト＋時間コスト＋エネルギーコスト＋精神的コスト

例えば、携帯電話でも携帯音楽プレーヤーでも何でもいいのだが、20,000 円なら買ってもいいという商品があったとしよう。ということは、この商品には20,000 円の価値があると顧客が認めたことになる。この 20,000 円が総顧客価値で、製品価値、サービス価値、人的価値、イメージ価値から成る。人的価値というのは、例えばセールスパーソンがハンサムだったり美人だったり、感じが良かったりすると、同じ製品、同じ価格でも買ってしまうということがあるが、そういう人的な要素に感じる価値である。同様に、サービス的な要素に感じる価値がサービス価値、イメージ的な要素に感じる価値がイメージ価値だ。とりわけ「経験価値」を訴求する製品ではこれらが重要なことが多いが、ここでは計算の便宜のため製品だけの価値と考えていただいてもよい。

この顧客が 20,000 円なら買ってもいいというものを、実はメーカーでは 14,000 円の製造コストでつくっているとする。メーカーが 14,000 円でつくっているものを、顧客は 20,000 円の価値があると認めているのだから、この差額、

　　20,000 円 − 14,000 円 = 6,000 円

は付加価値である。このメーカーがつくった付加価値が誰のところに行くか、どう山分けするかが問題になる。

　そこで、例えば顧客から見てその製品が 16,000 円で手に入るとする。この 16,000 円が総顧客コストで、貨幣コスト、時間コスト、エネルギーコスト、精神的コストから成る。時間コストというのは、例えばパソコンやオーディオ製品を買うために、安いだろうと思って東京・秋葉原や大阪・日本橋に時間をかけてわざわざ来たのに、思ったほど安くなくて、近所の量販店で買うより実質的に高くついたと思うことがあるだろう。この場合、交通費がかかっていなくても、かかった時間に見合うように期待した値引き額が時間コストである。同様に、かかったエネルギーに見合うコストがエネルギーコスト、精神的なものに見合うコストが精神的コストである。コンビニエンス・ストアの商品の価格はスーパーマーケットに比べてかなり高いが、コンビニエンス（便利さ）に見合う時間コストやエネルギーコストといえる。やはり、製品や業種によってはこれらが重要なことがあるが、むずかしく感じるなら、ここでは貨幣だけのコストと考えてもいい。

　この製品が 16,000 円で売られる、つまりメーカーが 16,000 円と値付けしたとする。メーカーにとっては、14,000 円でつくったものを 16,000 円で売るのだから、

　　16,000 円 − 14,000 円 = 2,000 円

で、2,000 円の儲けである。これはメーカー側の利益だ。ところが顧客の側からすれば、20,000 円の価値があると実は思っているものを 16,000 円で買うこと

ができるわけだから、

$$20,000 円 - 16,000 円 = 4,000 円$$

で4,000円分得をした、ということになる。顧客から見たこの利益、すなわち顧客に提供された価値を顧客提供価値という。この場合、メーカーがつくった6,000円の付加価値を、メーカーが2,000円、顧客が4,000円で山分けした感じになる。

　それでは、メーカーは価格をいくらに設定できるかというと、14,000円を割り込んでは設定できない。原価割れになるからである。といって、20,000円を超えた設定もできない。顧客が買ってくれなくなるからである。そうすると、14,000円から20,000円までの間のどこかに価格を設定することになる。

　例えば、19,000円に設定すると、メーカーの利益は、

$$19,000 円 - 14,000 円 = 5,000 円$$

となり、5,000円がメーカーにいく。

　顧客提供価値は、

$$20,000 円 - 19,000 円 = 1,000 円$$

となり、1,000円に減ることになる。

　仮に、ライバル会社の製品に何かの機能が抜けていたり、ブランド・イメージが劣っているかして、顧客は20,000円の価値を認めず、19,000円しか価値を認めないとする。では、顧客はこの価値が高いと認める20,000円のほうを買うかというとそうとは限らない。

　例えば、この19,000円の価値があると認める携帯電話が17,000円で売りに出されていたとしたら、顧客提供価値は、

19,000 円 − 17,000 円 = 2,000 円

で、2,000 円となる。20,000 円の価値と認めるものを 19,000 円で買ったときの顧客提供価値は 1,000 円であるから、ライバル社の製品のほうが「儲かった、いい買い物をした」と思うだろう。したがって、顧客はこっちを買う可能性が高い。顧客が顧客提供価値の大きいほうを買う、と仮定するのはそれほど不自然ではない。妥当ではないかと思う。

10.2.3　良いプロダクトアウトがマーケットを創造する

　マーケットインとプロダクトアウトの問題は深刻である。一般のマーケティングや品質管理では、「プロダクトアウト（殿様商売）はいけない。マーケットイン（お客様は神様です）が大事」と教える。確かに、日用生活品などのコモディティや耐久消費財であっても大衆車などのマス・マーケティングではマーケットインが重要であることは論を待たない。新商品で考えると、改良型の新商品ということになる。

　マスの意見を聞く場合、顕在化している欲求は把握できるが、潜在的な欲求や本人がそもそも意識していない欲求を把握することは困難である。例えば、「疲れを取りたい」と多くの消費者は言うが、「酸素がほしい」とは言わないだろう。まして「酸素缶がほしい」とか「酸素吸入サービスがほしい」と具体的な新商品の案を言うことはまずない。あるいは、「今までにない、斬新なデザインの車がほしい」と多くの人は言うが、「例えばこんなデザインの車がほしい」とアンケート用紙の自由記述欄にデザイン画を描いてくれる消費者は皆無だろう。消費者は見たことのないものや想像できないものを具体的に「ほしい」と言うことはない。

　新商品、それも改良型でない真の新商品をつくるのはメーカーである。メーカーが具体的に提供したとき、消費者は初めて「これを待っていた、これを望んでいた」と言うものだ。この意味で新商品開発はプロダクトアウトであるということができる。つまり、消費者の欲求とずれたプロダクトアウトは悪いプロダクトアウトであるのはもちろんであるが、良いプロダクトアウトはマー

ケットインというよりもマーケットを創造（クリエイト）するということができる。

10.3 プロダクト・マネジャーからの論点

『実証研究 製品開発力』（藤本隆宏・キム. B. クラーク共著、田村明比古訳、ダイヤモンド社、1993年）で藤本・クラークは、自動車業界の製品開発力の優れた企業に関する実証研究によって、開発プロジェクトにおける、強力で地位の高いプロダクト・マネジャー、すなわち「重量級プロダクト・マネジャー」が有効であると指摘した[2]。

加えて、藤本らは、自動車産業のトップ・メーカーの優れた重量級プロダクト・マネジャーには、共通して観察される特徴があり、それらを大別すると、部門間の調整を円滑に行う「内的統合」と市場のニーズを製品開発に反映する「外的統合」との2つの役割と表現することができるとした。そして、成功のための条件として6つの条件を指摘した。

『日産らしさ、ホンダらしさ−製品開発を担うプロダクト・マネジャーたち−』（長沢伸也・木野龍太郎共著、同友館、2004年）で長沢・木野は、自動車業界のプロダクト・マネジャーの資質および能力に関する実証研究において、優れたプロダクト・マネジャーに求められる先天的な9個の資質と後天的な10個の能力を指摘した[3]。

それらを関連付けて表したのが、**図表10-3**である。これを見ると、「重量級プロダクト・マネジャー」に求められる成功条件・資質などは、「鋭いコンセプト・メイキング」、「関係者の調整」、「コンセプトを具現化するリーダーシップ」に大別できる[4]。

前述の藤本ら、長沢・木野の研究成果は、自動車業界におけるプロダクト・マネジャーの研究に基づくものである。しかし、プロダクト・マネジャーに求められる役割には、製品を超えた普遍性があるように考えられる。

図表10-3　鋭いコンセプトで関係者を束ね引っ張っていく―プロダクト・マネジャー制の成功のための条件と求められる資質・能力

分類	藤本・クラーク（1993）		長沢・木野（2004）	
	成功の条件	説明	資質（先天的）	能力（後天的）
鋭いコンセプト・メイキング	市場との直接的接触	マーケティング（営業・販売）部門から受け取る情報をユーザーから直接集めた情報で補う	③冷徹な知性・視点 ⑦さまざまな物事に対する好奇心・感度	①顧客の立場に立って考える能力 ⑥顧客側の視点と企業の論理の高次元でのバランスを見つける能力
	テスト担当者とのコンセプトの共有	新車をテストドライブし、エンジニアとその体験を共有し、首尾一貫性を確保	⑥人望	②顧客満足のシミュレーションを行う能力 ③製品コンセプトを創出する能力
関係者の調整	マルチリンガルな翻訳者	社内の全ての関係者の専門用語を使いこなし、コミュニケーションする	①バランス感覚 ③冷徹な知性・視点	④製品コンセプトをメンバーにプレゼンテーションする能力 ⑦メンバーの意見を引き出す能力（コミュニケーション能力）
コンセプトを具現化するリーダーシップ	行動するプロダクト・マネジャー	社内・社外関係者と会うために出かけることを厭わない	⑤ネアカ・ポジティブ思考・プラス思考 ⑦さまざまな物事に対する好奇心・感度	⑩権限や職務範囲にとらわれずに行動できる能力
	エンジニアとの直接的接触	部門間の調整や対立をまとめ、首尾一貫した製品設計を確保する	①バランス感覚 ②よい自動車を作りたいという「熱い想い」 ④粘り強さ ⑤ネアカ・ポジティブ思考・プラス思考	④製品コンセプトをメンバーにプレゼンテーションする能力 ⑦メンバーの意見を引き出す能力（コミュニケーション能力） ⑧人を見抜く能力 ⑨人を使う能力
	コンセプトの守護者としてのプロダクト・マネジャー	製品コンセプトの崩壊を防ぎ、製品設計に反映させる	⑤ネアカ・ポジティブ思考・プラス思考 ⑧挑戦的であること ⑨妥協しないこと	②顧客満足のシミュレーションを行う能力 ③製品コンセプトを創出する能力 ⑤デザインを見て判断する能力

注：藤本隆宏・キム．B．クラーク共著、田村明比古訳（1993）『実証研究 製品開発力』、ダイヤモンド社、pp.327-336の項目にあわせ、長沢伸也・木野龍太郎共著（2004）『日産らしさ、ホンダらしさ』、同友館、pp.74-75の指摘を長沢・榎（2006）が分類したもの。

出典：長沢伸也・榎新二共著（2006）『ヒット商品連発にみるプロダクト・イノベーション』、晃洋書房、p.22、表2-1

そのポイントを列挙すると、
① 鋭いコンセプト・メイキング力
　簡単に言えば創造力（クリエーション）である。
② コンセプトを関係者に的確に認識させる調整力
　調整力（ネゴシエーション）であると同時にコミュニケーションともいえる。換言すれば狭義のプロジェクト・マネジメント。
③ コンセプトを具現化するリーダーシップ統率力
　商品へのコンセプトの具現化に向け、さまざまな困難に立ち向かい、商品開発を推進していく資質・能力。言い換えれば、調整力とともに価値の実現力であり、広義のプロジェクト・マネジメント。
④ 熱い想いを貫き通す情熱
　平たく言えば「こだわりの人」。こだわりを持つ人はこだわりを持たない人にとっては理解できない「変な人」である。それだけに、「こだわりを人に伝える気や能力があり、実際に人に伝えて企画を実現すべく行動する」ことが必要である。
⑤ 職務権限を超えた行動
　企業の論理や常識は一般に、内向きである。それが市場とかけ離れているとき、市場すなわち企業の外を向いているプロダクト・マネジャーは社内では浮いてしまう。「失敗してもいいんだ」、「思いきってやろう」とは、なかなか言えないものである。ヒット商品のプロダクト・マネジャーは、皆、サラリーマンらしからぬスケールの持ち主という点も必然であろう。
⑥ 企画は旗振り　周囲を理解させる力
　企画は旗振りである。旗振り役として、プレゼンテーション能力も必要。
⑦ 感性と理性、右脳と左脳のバランス
　コストなどとの兼ね合いで、やりたいことのすべてが必ずしも実現できないことが多い。そのときに「ここだけは譲れない」という部分と「ここは今回は諦める」という部分の選択と集中が大切。それは、「熱い想いと冷静な判断」、感性と理性、右脳と左脳のバランスと言い換えてもいい[5]。

10.4 経営者からの論点

　経営者（社長、事業部長）からの論点としては、まず、経営戦略としての選択肢と意思決定がある。そもそも自社を取り巻く環境と自社の強み・弱みを分析し、新商品を出す・出さない、新商品は従来品の延長上のものか革新的なものを目指すのかを自社の取るべき競争戦略（リーダー戦略、チャレンジャー戦略、フォロワー戦略、ニッチャー戦略）に照らして意思決定する必要がある。

　どのような経緯を辿るにしても、新商品は経営者が最後まで反対して拒否したらそもそも実現はしない。例えば、拙著『ヒット商品連発にみるプロダクト・イノベーション－キリン「ファイア」「生茶」「聞茶」「アミノサプリ」ブランド・マネジャーの言葉に学ぶ－』（晃洋書房、2006年）では、「ファイア」開発の際にプロダクト・マネジャーが社長や経営会議での反対にあいながらも「社長に嫌われたからといって、止めるわけにはいかない」と押し切る場面がある[4]。このとき、社長は振り上げた手を渋々下ろしたのであろうか、それとも掌を返すように一転して賛成したのであろうか。社長はそもそも企画が理解できないから反対したのであろうか、それとも企画の完成度を上げるため、あるいは社運をかけるような新商品に対して社内の一体感をつくりたいためにわざと反対したのであろうか。経営会議で一度却下した事案を二度、三度と議題とした社長の真意はどこにあったのであろうか。これらについて経営者の立場で議論することは見落としがちだが重要である。

　組織管理として、プロジェクトチームのあり方や編成も重要である。「新商品を開発するためプロジェクトチームをつくるので、各部から優秀な人を出してくれ」と依頼すると、たいていの場合は窓際族のような各部で一番出来ない人を出してくる。出す側の部長にしてみれば、本当に優秀な人をプロジェクトチームに取られたのでは、その部のパフォーマンスが下がるので、いてもいなくてもいい人、つまり窓際族を出すわけである。本当に各部で一番出来る人をプロジェクトチームに入れるには、本来の人事系統とは違うルート、つまりいわゆる「飲ミニケーション」とか「社内公募制」が重要になってくる。

　人事管理として、信賞必罰や成果主義も考える必要がある。筆者はこれま

で数多くのヒット商品のプロダクト・マネジャーにヒアリングして著書に著してきたが、「ヒットしたときの報酬を目指して頑張った」と言う人は一人としていなかった。「商品が実現して嬉しかった」「商品が陳列棚に並んで嬉しかった」「商品がヒットして嬉しかった」という感想ばかりなので、敢えて質問すると「褒賞金」や「報奨金」をもらっていたケースも確かにあったが、例えば商品企画部長代理が商品企画部長に昇任して「権限が大きくなって思うようにできるようになって嬉しい。昇任に伴い当然昇給もした」という場合が多かった。また、「部として報奨金をもらったり表彰されたりしたが、個人的には何ももらえなかった。しかし、それで十分」というケースも少なくなかった。商品企画に限定すると信賞必罰は必要であるが、成果主義が万能という見方には、筆者は懐疑的である。

ブランド・マネジメントも重要である。経営やマーケティングの分野でブランドがブームとなって久しく、ブランド・マネジメント室やブランド・マネジャーを設置した企業も多い。ブランドがあって商品が売れるのか、その企業らしい商品が売れることによってブランドが築けるのかというステップないしは因果関係は議論の余地があろう。

10.5 商品、価格、流通チャネル、販促から見た事例

商品（製品、サービス）、価格、流通チャネル、販促に焦点を当てて各事例を見る場合、まず商品については、シャープ「AQUOS」、ワコール「WACOAL DIA」、コクヨ「カドケシ」、バンダイ「リトルジャマー」のいずれも市場品質では相対的品質というよりは絶対的品質、機能よりは感性品質に重点があり、顧客価値では機能的価値を十分満たしたうえで経験価値を生み出している。マーケットインというよりはプロダクトアウトである。

価格については、AQUOSおよびカドケシはテレビあるいは消しゴムというジャンルでは少し高めといえる。これに対して、WACOAL DIAは、女性用の下着としては飛びきり高いといえるだろう。リトルジャマーは、玩具としては確かに高いといえば高いが、大人向けの玩具というものがそもそもなかった

ので、高いか安いかは軽軽には言えない。

　流通チャネルについては、AQUOS およびカドケシは従来製品と同じく家電量販店や文具店を使っている。これに対して、リトルジャマーは従来製品の玩具店とは異なる通販などのチャネルを用いている。WACOAL DIA は、専用のチャネルとしてショップを新設している。

　販促については、AQUOS は他社のテレビ製品と同様にテレビ CM も積極的に行っているが、CF の質や完成度にこだわり、他社とは一線を画しているのは本文で分析したとおりである。リトルジャマーはテレビ CM こそ行わないものの経済新聞などでの通販の広告は積極的に行っている。ワコールは WACOAL DIA 以外の商品では他社の女性用下着と同様にテレビ CM を行っているが、WACOAL DIA に関してはテレビ CM を一切行わずにパブリシティのみとなっている。カドケシは、そもそも消しゴムをテレビ CM にするということがないため、販促としては店頭での POP と、話題になったことによる結果としてのパブリシティということになる。

　このように商品（製品、サービス）、価格、流通チャネル、販促に焦点を当てて各事例を見てみると、商品が経験価値を生み出しているという点以外にはさまざまであり、本書では、経験価値が例えば、老舗や高級ブランド品だけでなくさまざまな商品で実現可能であることを示している。

10.6　プロダクト・マネジャーから見た事例

　プロダクト・マネジャー、プロジェクト・リーダーに焦点を当てて各事例を見る場合、まず AQUOS では取締役 AV システム事業本部長という、通常のプロダクト・マネジャーよりはかなり上位の役職者が担っていた。これは異例であろう。これに対して、WACOAL DIA では、会社の命を受けたマネジャーが情熱を傾けていったことが本文から分かる。リトルジャマーでは、原価低減プロジェクトの中から出てきたものを商品化に燃えるマネジャーが会社に提案して実現した商品であり、WACOAL DIA とはその点が異なる。カドケシは、もともとデザインアワードの入選作を商品化したものであり、提案者も

社外の人間であるため、そもそもプロダクト・マネジャーが存在したかどうかもはっきりしない特殊なケースかもしれない。

このようにプロダクト・マネジャーに焦点を当てて各事例を見てみると、やはりその有り様はさまざまであり、本書では経験価値がさまざまな形で実現可能であることを示している。

10.7　経営者から見た事例

経営者（社長、事業部長）に焦点を当てて各事例を見る場合、AQUOS および WACOAL DIA では、企業としてブランドを打ち立てるという明確な経営戦略ないしは意思決定が当初からあり、実現のための組織もつくられていた。これに対して、リトルジャマーでは、経営戦略ないしは意思決定に基づいた商品開発ではなく、むしろ社内では反対が多かったことが本文から分かる。カドケシに至っては、「デザインアワードを行い、入選作を商品化する」という程度の意思決定だけであったと思われる。ただし、リトルジャマーもカドケシも「企業としてつくって売る」という意思決定がなければ商品は日の目を見なかったこと、そして手抜きをせず適切なマーケティング・ミックスあるいはマーケティング戦略を行ったことは注意を喚起したい。

このように経営者に焦点を当てて各事例を見てみると、やはりその有り様はプロダクト・マネジャー、プロジェクト・リーダーの場合と同様、さまざまであり、経験価値がさまざまな形で実現可能であることを示している。

ゆえに、本書で示した事例は、**図表 10-1** で示した「ケーススタディへの疑問」を解消しうるものだといえよう。これらのケーススタディが活かされ、経験価値に富んだ さらなるヒット商品が生み出されることを願ってやまない。

結章　参考文献
［1］長沢伸也著『おはなしマーケティング』、日本規格協会、1998 年
［2］藤本隆宏・キム.B.クラーク著、田村明比古訳、『実証研究 製品開発力―日米欧自動車メーカー 20 社の詳細調査』、ダイヤモンド社、1993 年
［3］長沢伸也・木野龍太郎著、『日産らしさ、ホンダらしさ－製品開発を担うプロダクト・マネジ

ャーたち-』、同友館、2004 年
［4］長沢伸也・榎新二著、『ヒット商品連発にみるプロダクト・イノベーション-キリン「ファイア」「生茶」「聞茶」「アミノサプリ」ブランド・マネジャーの言葉に学ぶ-』、晃洋書房、2006 年
［5］長沢伸也稿「尖ったコンセプトを持ちバランスと行動力で未来を読む―プロダクト・マネジャーの新しい条件」、『早稲田大学ビジネススクール・レビュー』、第 4 号、pp.52-57、日経 BP 社、2006 年

さくいん

【A - Z】
ACT　14
AQUOS　57、58
CBP　203
CM　66、77、78
EXPERIENCE　3
ExPro　123
FEEL　14
Gショック　129
INAX　15
LITTLE JAMMER PRO. tuned by KENWOOD　162
meets KENWOODバージョン　162、166、182
MOT　12
PEANUTS JAM　162、166、185
PLACE　90
PRICE　90
PRODUCT　90
PROMOTION　91
RELATE　14
SATIS　15
SEM　123、133、134、152、174
SENSE　13、14
SWING JOURNAL edition　162、166、184
THINK　14
WACOAL DIA　87、88
X-TRAIL　16

【あ行】
アノニマス　181
アフォーダンス　196
アルビレックス新潟　19
一期一会　49、50

一澤信三郎帆布　18、19、131
一澤帆布　18、19、131
イメージ価値　206
エコロジークラス　69
エネルギーコスト　206
エルメス　24、36、131
おもてなし　37、38
おもてなし価値　37、45、46、47、48
おもてなし価値三要素　47、48、51、52、53、72、73、83、101、102、106、107、110、111、112
おもてなし販売　97

【か行】
カスタマー・デリバード・バリュー　205
価値連鎖（バリューチェーン）モデル　205
カドケシ　145
貨幣コスト　206
亀山工場　67、68、69、76
亀山第2工場　67、69
感性価値　206
感性品質　205
記憶　136、196、197
技術経営　12
機能　205
機能的価値　206
機能的便益　25
クチコミ　131、132、157
グッドアップブラ　86
クロスコーディネート　92、96
経験価値　3、13、205、206
経験価値プロバイダー　123
原価低減プロジェクト　165、167、168
コア・ベネフィット・プロポジション　203
行動的デザイン　127、130、134、180
顧客提供価値　205
コクヨ　144
コクヨ・デザインアワード2002　146
こと　3、12
コモディティ　32、33、34
コモディティ化　33、121、122

コンシェルジュ　97

【さ行】
サービス　37、38
サービス価値　206
時間コスト　206
市場品質　204
シャープ　57
松栄堂　23、131
情動　125、128
商品　48、110
信三郎帆布　18、19、131
人的価値　206
末富　21、131
スキン・ブラ　86
精神的コスト　206
接客の場　48、50、110
絶対的品質　204
戦略的経験価値モジュール　13、123、133、134、152、174
総顧客価値　206
総顧客コスト　206
相対的品質　204

【た行】
大量生産ブランド　35、36
知価ブランド　35、36
通販　172
出会いの場　48、49、110
ディア・コンシェルジュ　92、97
ディズニーランド　41
デザイン　120、193、194、195
伝統ブランド　35、36
登場感　64、76、77
虎屋　35

【な行】
内省的デザイン　127、130、134、180
日産自動車　16
認知　128
ヌーブラ　86

ノーマンの3つのデザイン要素　134、135、180、190
ノーマンのメンタルモデル　126

【は行】
バズ　132
バリューチェーン　205
バンダイ　162
フィッティングルーム　97、104
ブティック型ディスプレイ　91、92、94
フラッシュバルブメモリー　137、197
プロダクトアウト　209
プロダクト・マネジャー　210
ベネフィット　204
変身　32、33、35
ホスピタリティ　38
本能的デザイン　127、129、134、180

【ま行】
マーケットイン　209
マーケティングミックス 4P　90、147、170
メンタルモデル　126
もの　3、12

【や行】
ユニバーサルデザイン　153
吉永小百合　64、66、77
予約制スイートフィッティングルーム　92、97

【ら行】
ラグジュアリー　88
リッツ・カールトン・ホテル　40
リトルジャマー　162
リバイバル商品　122

【わ】
ワコール　86

【編著者紹介】

長沢伸也（ながさわ　しんや）
編者、序章、結章担当

早稲田大学ビジネススクール（大学院アジア太平洋研究科国際経営学専攻）MOT 専修教授。2007 年度以降は、改組により、早稲田大学ビジネススクール（大学院商学研究科ビジネス専攻）MOT 専修教授。早稲田大学戦略デザイン研究所長。日本感性工学会（副会長）、商品開発・管理学会（理事）などの会員。著書は『ヒットを生む経験価値創造―感性を揺さぶるものづくり―』（編著、日科技連出版社、2005）、『生きた技術経営　MOT―プロジェクトマネジャーからのメッセージ』（編著、日科技連出版社、2004）、『老舗ブランド企業の経験価値創造』（編著、同友館、2006）、『顧客価値創造ハンドブック―製造業からサービス業・農業まで　感動を創造するシステム―』（執筆分担、日科技連出版社、2004）、『商品企画七つ道具実践シリーズ第 2 巻―よくわかる編―』、『同第 3 巻―すぐできる編―』（共著、日科技連出版社、2000）など多数。

【著者紹介】

藤原　亨（ふじわら　とおる）
第 I 部（第 1 章～第 5 章）担当
クリナップ株式会社 サニタリー事業部 開発部長
2005 年　早稲田大学大学院 アジア太平洋研究科 国際経営学(MOT) 入学
2006 年　早稲田大学大学院 アジア太平洋研究科 国際経営学(MOT) 修了、技術経営学修士

山本典弘（やまもと　のりひろ）
第 II 部（第 6 章～第 9 章）担当
鈴木正次特許事務所、副所長、弁理士
2004 年　早稲田大学大学院 アジア太平洋研究科 国際経営学(MOT) 入学
2006 年　早稲田大学大学院 アジア太平洋研究科 国際経営学(MOT) 修了、技術経営学修士
地方独立行政法人東京都立産業技術研究センター［デザイン創造塾］2006 講師
共著書に『平成特許法改正ハンドブック』（三省堂、2004）、『ヒットを生む経験価値創造』（共著、日科技連出版社、2005）がある。

経験価値ものづくり
――ブランド価値とヒットを生む「こと」づくり

2007年2月22日　第1刷発行

編著者	長沢伸也
発行人	谷口弘芳
発行所	株式会社日科技連出版社
	〒151-0051 東京都渋谷区千駄ヶ谷 5-4-2
	電話　出版 03-5379-1244
	営業 03-5379-1238～9
振替口座	東京 00170-1-7309
URL	http://www.juse-p.co.jp/
印刷・製本	河北印刷株式会社

©Shinya Nagasawa, Toru Fujiwara, Norihiro Yamamoto 2007
Printed in Japan

本書の全部または一部を無断で複製（コピー）することは、
著作権法上での例外を除き、禁じられています。
ISBN978-4-8171-9210-3